TVSCVLINVM ✲ weil wir unseren Freunden Muße gönnen

Tusculinum – Frivoles, Komisches und Philosophisches aus der antiken Literatur.
Die Reihe Tusculinum ist die kleine Schwester der Sammlung Tusculum, die seit 1923 erscheint und die umfangreichste Sammlung zweisprachiger Textausgaben im deutschen Sprachraum ist.

Plutarch

»So nicht, Epikur!«

Übersetzt und
herausgegeben von
Rainer Nickel

AKADEMIE VERLAG

Wissenschaftliche Beratung der Reihe

Niklas Holzberg
Rainer Nickel
Karl-Wilhelm Weeber
Bernhard Zimmermann

Auswahl aus den *Moralia* (griech.)

Bibliografische Information
der Deutschen Nationalbibliothek
Die Deutsche Nationalbibliothek
verzeichnet diese Publikation in der
Deutschen Nationalbibliografie;
detaillierte bibliografische Daten
sind im Internet über
http://dnb.d-nb.de abrufbar.

Ein Wissenschaftsverlag der Oldenbourg Gruppe

www.akademie-verlag.de

Umschlaggestaltung und grafisches Konzept: Gabriele Burde, Berlin
Satz: Dörlemann Satz, Lemförde
Druck: Druckerei Theiss GmbH, Am Gewerbepark 14, A–9431 St. Stefan

Dieses Papier ist alterungsbeständig nach DIN/ISO 9706.

ISBN 978-3-05-005277-9

Inhalt

Einführung

Zu Text und Übersetzung

Die Übersetzung folgt dem griechischen Text von Benedict Einarson und Phillip H. de Lacy in Band XIV der 1967 in der Loeb Classical Library erschienenen Ausgabe der *Moralia* Plutarchs. Die Zählung nach Kapiteln wurde beibehalten. Auf die traditionelle Seitenzählung der griechischen Textausgabe von Henri Étienne Stephanus (Paris 1572) wurde verzichtet.

Gewöhnlich werden die drei Schriften mit ihren lateinischen Titeln zitiert:

a) »Erwiderung auf die Polemik des Epikureers Kolotes gegen die anderen Philosophen« (1086C-1107C) – *Adversus Colotem*

b) »Man kann nach Epikurs Grundsätzen nicht glücklich leben« (1107D-1127E) – *Non posse suaviter vivi secundum Epicurum*

c) »Ist die Aufforderung zu einem Leben im Verborgenen sinnvoll?« (1128B-1130A) – *An recte dictum sit latenter esse vivendum.*

Einleitung

Vorbemerkung
»Plutarchs Schriften waren einmal ... ein zentrales europäisches Bildungsgut. Plutarch besaß weniger die Autorität eines Klassikers als die Faszination eines universell gebildeten, an allem Menschlichen und Außermenschlichen interessierten Schriftstellers, eines geistreichen Plauderers, eines Menschen, mit dem man sich anfreunden konnte. Vielleicht wird man in den hier vorgelegten Schriften seine Liebenswürdigkeit, aber auch seinen Ernst wiederfinden.«[1]

Leben und Werk
Plutarch von Chaironeia (Boiotien) lebte von 45 bis etwa 120 n. Chr. Besonders berühmt ist er wegen seiner vergleichenden Biographien griechischer und römischer Persönlichkeiten und seiner *Moralia*, einer Sammlung unterschiedlich umfangreicher Essays über vielfältige Themen. Plutarch stammt aus einer wohlhabenden Familie und studiert zunächst in Athen. Er wird sogar Mitglied der platonischen Akademie. Platon bleibt für ihn sein Leben lang von größter Bedeutung. Als Akademiker rät er zu skeptischer Zurückhaltung in allen Urteilen. Zur Abwehr dogmatischer Festlegungen bedient er sich häufig der Darstellungsform des Dialogs.
Von der auf Aristoteles und seine Nachfolger zurückgehenden peripatetischen Schule lässt er sich zu vielseitigen Studien an-

1 Aus der »Vorbemerkung« zu dem Tusculum-Band: Plutarch, *Drei religionsphilosophische Schriften. Über den Aberglauben. Über die späte Strafe der Gottheit. Über Isis und Osiris*. Griechisch-deutsch. Übersetzt und herausgegeben von Herwig Görgemanns unter Mitarbeit von Reinhard Feldmeier und Jan Assmann, Düsseldorf, 2. Aufl. 2009, 295.

regen. Die Pythagoreer ermuntern ihn zu einer vegetarischen Lebensweise und wecken seine Achtung gegenüber der Tierwelt; er ist davon überzeugt, dass in den Tieren die Seelen verstorbener Menschen wohnen. Seine philosophischen Gegner sind die Stoiker und vor allem die Epikureer. Er verfasst Streitschriften gegen sie, obwohl er ihnen auch vieles verdankt und sie manchmal auch zustimmend zitiert.
Bei seinen Reisen nach Alexandria – er war mindestens einmal in Ägypten – lernt er die ägyptische Religion kennen und verfasst über Isis und Osiris eine Abhandlung, die allerdings wohl nicht aus einem gründlichen ägyptologischen Studium erwachsen ist. In Rom hält er sich mehrmals auf und bekommt das römische Bürgerrecht verliehen. Unter den römischen Kaisern erhält er hohe Auszeichnungen. Aber er bleibt sein Leben lang mit seiner Vaterstadt Chaironeia eng verbunden. Daraus erklärt sich auch seine Ablehnung des Historikers Herodot, der sich nicht gerade schmeichelhaft über die Einwohner von Boiotien äußert. Plutarch aber verehrt seine berühmten Landsleute sehr: Die Dichter Hesiod und Pindar und die Feldherren Epameinondas und Pelopidas. In der letzten Phase seines Lebens dient er in Delphi als Apollonpriester.

Lebensbeschreibungen
Bei seinen Lebensbeschreibungen handelt es sich um zweiundzwanzig vergleichende Doppelbiographien und vier Einzelbiographien großer Griechen und Römer (zum Beispiel Alexander und Caesar, Demosthenes und Cicero). Plutarch will aber in seinen Lebensbeschreibungen nicht nur als Biograph und Historiker, sondern auch als Erzieher verstanden werden. Der Leser soll die Charaktere der geschilderten Personen als Vorbilder für sein eigenes Leben nutzen. In der Einleitung zum Biographienpaar Alexander – Caesar schreibt der Autor über seine Absicht:

> Wenn ich das Leben des Königs Alexander und das Leben Caesars, der den Pompeius beseitigt hat, in diesem Buch beschreibe, dann werde ich wegen der Vielzahl der vorliegenden Taten nichts weiter vorausschicken als die Bitte an meine Leser, wenn ich die ruhmvollen Taten nicht vollständig und nicht ausführlich genug im Einzelnen darstelle, sondern das Meiste nur knapp behandle, mir das nicht übelzunehmen. Denn ich biete keine Geschichtsschreibung, sondern Lebensbeschreibungen. Tüchtigkeit oder Verworfenheit zeigt sich aber nicht immer in den berühmtesten Taten; sondern oft schon warf ein unbedeutender Vorgang, ein Wort oder ein Scherz ein deutlicheres Licht auf den Charakter eines Menschen als die blutigsten Kämpfe, als die größten Schlachten und Belagerungen. Genauso wie die Maler die Ähnlichkeiten aus dem Gesicht und den Zügen um die Augen, in denen sich der Charakter zeigt, entnehmen und sich am wenigsten um die übrigen Körperteile kümmern, muss es auch mir erlaubt sein, tiefer in die äußeren Merkmale der Seele einzutauchen und auf diesem Weg das Leben eines jeden zu veranschaulichen und die großen Taten und die Kämpfe anderen zu überlassen.

Welche Absicht verfolgt Plutarch mit dieser Perspektive? Das sagt er selbst am Anfang der Doppelbiographie Demetrius – Antonius: Die Lebensbeschreibungen wollen als Muster oder Modelle gelesen werden. Auch die Schilderung negativer Charakterzüge dient diesem pädagogischen Zweck:

> Ich habe wirklich nicht die Absicht, dem Leser durch eine abwechslungsreiche Schilderung üblen Verhaltens nur Vergnügen und Unterhaltung zu bieten, sondern wie der Thebaner Ismenias seinen Schülern sowohl gute wie auch schlechte Flötenspieler vorführte und dazu sagte: »So muss man Flöte spielen« und »So darf man nicht spielen ...«, bin auch ich davon überzeugt, dass man umso stärker motiviert ist, die guten Lebensbilder nicht nur sich anzuschauen, sondern auch als Vorbilder nachzuahmen, wenn man auch die schlechten und tadelnswerten kennt.

Die Biographienpaare werden jeweils durch einen zusammenfassenden Vergleich (eine Synkrisis) abgerundet. Manchmal ist dies nur ein geistreiches Gedankenspiel, Gleiches und Ungleiches, Gemeinsames und Trennendes wahrzunehmen. Ein Beispiel aus Lykurg und Numa veranschaulicht die Grundtendenz der Sammlung: »Das antithetische Spiel im Dienst einer zugleich moralischen wie politischen Sentenz« (Otto Seel):

> Was aber jeden auf besondere Weise auszeichnet, ist zunächst bei Numa das Erlangen der Königswürde, bei Lykurg der Verzicht darauf. Jener erhielt sie, ohne sie zu wollen, dieser besaß sie und ließ sie los. Jenen ließ ein fremdes Volk aus einem Privatmann und Fremdling zu seinem Herrscher werden. Dieser machte sich selbst aus einem König zu einem Privatmann. Nun ist es zwar schön, durch Gerechtigkeit eine Krone zu erwerben, aber schöner noch, eine Krone der Gerechtigkeit zu opfern. Denn die Tugend war es, welche den einen so berühmt machte, dass man ihn der Krone für würdig hielt, den anderen so groß, dass er sie ablehnte.

Moralische Schriften

Wie der Leser in den Biographien dazu angeregt wird, die beschriebenen Gestalten miteinander zu vergleichen, so sind Zusammenschau und Vergleich auch in den *Moralia* (den *Moralischen Schriften*) Prinzipien der Darstellung. Als Ausgangspunkt dient meist ein auffallender Gegensatz oder mindestens eine Verschiedenheit der Vergleichsobjekte, die durch den Vergleich in ihrer Eigentümlichkeit deutlicher hervortreten. Die Schriften sind in Form von Dialogen, Briefen und Vorträgen abgefasst. Der Titel *Moralia* passt aber nur zu einem kleineren Teil der Sammlung. Das gesamte Werk könnte eher »Vermischte Schriften« heißen, die sich ebenso mit Pädagogik, Musiktheorie, Politik, Archäologie, Ethnologie und Philologie wie mit literarischen und historischen Fragen beschäftigen und ältere Autoren kommentieren. Ferner befassen sie sich mit Mathematik, Physik, Astronomie, Zoologie und Tierpsychologie – von privaten Briefen und Anekdoten ganz abgesehen.

Wie in den Doppelbiographien richtet sich Plutarchs Interesse oft auf das Private, Persönliche, Alltägliche, Unspektakuläre. Er erörtert zum Beispiel, wie man einen Schmeichler von einem Freund unterscheiden kann (48 E)[2] oder worin Tugend und Verworfenheit bestehen können (100 B). Immer wieder vergleicht er Griechen und Römer.[3] Er untersucht, welche Bedeutung Schicksal und Können für Alexander den Großen haben (326 D), und fragt, ob die Athener im Krieg oder im Frieden mehr Ruhm geerntet haben (345 C). Er vergleicht ihre militärischen Taten mit ihren zivilen Leistungen und kommt zu dem überraschenden Schluss, dass die militärischen eindeutig den zivilen überlegen sind.

Zu den vergleichenden Studien gehört auch die Abhandlung über die Frage, ob körperliche oder seelische Schmerzen schlimmer sind (500 B). Dann wieder bespricht er – wie andere vor ihm – die Staatsformen Monarchie, Demokratie und Oligarchie (826 A). Er schildert ebenso die Lebensläufe der zehn attischen Redner (832 B) wie die Eigenarten der Komödiendichter Aristophanes und Menander (853 A). Nicht leicht zu beantworten ist die Frage, ob Wasser oder Feuer nützlicher ist (955 D) oder ob Landtiere oder Wassertiere klüger sind (959 D). Wenn Plutarch feststellt, dass die stoischen Philosophen größeren Unsinn reden als die Dichter (1057 C), dann geht es auch um

2 Die Zahlen-Buchstaben-Kombination in Klammern entspricht der heute noch üblichen Seitenzählung und Seiteneinteilung der maßgebenden Textausgabe von Henri Étienne Stephanus (1572). Vergleiche den Abschnitt »Zu Text und Übersetzung«.

3 Zum Beispiel in den *Quaestiones Romanae* (263 D), den *Quaestiones Graecae* (291 D) oder den *Parallela Graeca et Romana* (305 A).

einen Vergleich. Und auch die Schrift *Ist die Aufforderung zu einem Leben im Verborgenen sinnvoll?* (1128 A) ist insofern synkritisch (»vergleichend«) angelegt, als hier gegensätzliche Auffassungen miteinander verglichen werden. Das Darstellungsprinzip des Vergleichs wird schließlich noch überzeugend veranschaulicht in der Schrift über die *Tugenden der Frauen* (242 E), und in einer Zusammenstellung gleichartiger Ereignisse der römischen und der griechischen Geschichte (305A) werden viele Gemeinsamkeiten zwischen Römern und Griechen (unter anderem vergleichbare Heldentaten) erschlossen.

Überlieferung und Wirkung

Die früheste uns erhaltene Nachricht in der Überlieferungsgeschichte der Schriften Plutarchs bietet der sogenannte Lamprias-Katalog, eine angeblich von seinem Sohn Lamprias hergestellte Liste von 227 Titeln, von denen die ersten 40 Titel *Lebensbeschreibungen* und die übrigen 187 Titel *Moralische Schriften* bezeichnen. Offensichtlich gab es kurz nach Plutarchs Lebensende eine entsprechende Werkausgabe; der Lamprias-Katalog jedoch listet nicht alle echten Arbeiten des Plutarch auf: Denn es sind rund achtzig »Vermischte Schriften« erhalten – die die heutige Forschung als Werke aus Plutarchs eigener Hand anerkennt –, von denen nur etwa sechzig im Katalog aufgeführt sind.

Die erste umfassende nachantike Sammlung der *Moralia* entstand im 13. Jahrhundert und befindet sich als Manuskript in der Bibliothèque Nationale in Paris. Daneben existieren zahlreiche andere Plutarch-Handschriften aus dem 11. bis 15. Jahrhundert in Paris und in verschiedenen anderen europäischen Bibliotheken.

Die erste gedruckte Ausgabe der *Moralia* erscheint 1509 in Venedig; die Biographien werden 1517 in Florenz gedruckt. Darauf folgt die Ausgabe von Xylander 1570 mit lateinischer

Übersetzung. Sämtliche Werke ediert schließlich Henri Étienne Stephanus 1572 in Paris. Der griechische Text des Stephanus wird zusammen mit Xylanders lateinischer Übersetzung 1599 in Frankfurt publiziert und 1620 sowie 1624 nachgedruckt (mit der noch heute durch die modernen Ausgaben benutzten Seitenzählung).
Plutarchs Werke wurden übrigens ebenfalls durch zahlreiche Zitate bei anderen antiken Autoren überliefert.
Auf einige Stationen seiner Wirkungsgeschichte sei hier noch hingewiesen: Mit Plutarch lässt Aulus Gellius (geboren um 125 v. Chr.) seine *Attischen Nächte* beginnen, die im Übrigen an die *Tischgespräche* des Chaironeers (612 C und 697 C) erinnern. Der Mediziner Galen (geboren 129 n. Chr.) schätzt Plutarchs pädagogische Schriften. Kaiser Julian (der sogenannte Iulianus Apostata) sieht in Plutarch sein philosophisches Ideal. In der späteren Antike wurde Plutarch eine Autorität für weite Kreise. Er hat gewiss dazu beigetragen, dass der fest eingewurzelte schlechte Ruf der Boioter wegen ihrer angeblichen Rede- und Denkfaulheit allmählich verschwand. Eine nicht ganz so wünschenswerte Nebenwirkung ist allerdings die Tatsache, dass auch Schriften anderer Verfasser unter Plutarchs Namen veröffentlicht werden.
In den christlichen Kreisen der Antike wird er sehr geschätzt. Man betet für ihn, um ihn, den Nichtchristen, vor der ewigen Verdammnis zu retten. Die Ansprache des Basileios aus Kaisareia an die Jugend über den rechten Gebrauch der heidnischen Literatur ist offensichtlich eine Umformung der wichtigen Plutarch-Schrift *De audiendis poetis* (14 D). Während die griechischen Kirchenväter Plutarch mitunter sogar als einen der Ihren betrachten, gerät er im lateinisch-christlichen Westen allmählich in Vergessenheit. Man hält sich lieber an Cicero und Seneca. Anders bei den Byzantinern: Stellvertretend für andere sei für das 14. Jahrhundert Planudes erwähnt, der den

Text der *Moralia* neu konstituiert und 1396 eine Gesamtausgabe herausgibt. Am Anfang des 16. Jahrhunderts erscheinen die ersten deutschen Übersetzungen. Der Humanist Erasmus verehrt ihn wie kaum einen anderen nichtchristlichen Autor. Die Reformatoren Zwingli und Melanchthon setzten sich mit Plutarch auseinander. Kepler kommentiert die Schrift *Über die Erscheinung des Gesichts im Kreis des Mondes.* Montaigne (1533 bis 1592) hat eine besondere Vorliebe für die *Moralia,* weil sie in seinen Augen den schöneren Teil der Schriften Plutarchs darstellen. Shakespeare verdankt ihm die Stoffe einiger seiner Römer-Dramen. In England verbreitet Francis Bacon mit seinen *Essays* (1597) die Kenntnis der *Moralia.* Für ihn sind Seneca und Plutarch die größten Essayisten des Altertums. Auch David Hume (1711 bis 1776) orientiert sich in seinen *Essays* (1741) an den *Moralia.* Rousseau lässt sich in seinem *Émile* von Plutarchs Pädagogik anregen.
Von Friedrich dem Großen, von Goethe und Schiller und auch von Beethoven wird er sehr geschätzt. Zu Beginn der zweiten Szene des ersten Aktes seiner *Räuber* (1780) lässt Schiller seinen Karl Moor ausrufen, von dem er selbst erklärt, er verdanke seine »Grundzüge« Plutarch und Cervantes: »Mir ekelt vor diesem tintenklecksenden Säkulum, wenn ich in meinem Plutarch lese von großen Menschen.« Nietzsche fordert im 6. Kapitel seiner Schrift *Vom Nutzen und Nachteil der Historie* (1874) die Nachwelt dazu auf, Plutarch zu lesen: »Sättigt eure Seelen an Plutarch und wagt es, an euch selbst zu glauben, indem ihr an seine Helden glaubt.«
Plutarchs Wirkung ist insgesamt unbeschreiblich groß; die europäische Geistesgeschichte wäre ohne ihn anders verlaufen.
Heute würde man sagen: Plutarchs Programm der Synanthropie, der Bereitschaft, als Mensch mit Menschen zu leben, eröffnet eine globale Perspektive. Offensichtlich beschreibt dieser ungewöhnliche Begriff eine Eigenschaft, die die heutigen Ent-

wicklungspsychologen als »Wir-Intentionalität zu gemeinsamem Handeln« bezeichnen und in der sie das konstituierende Merkmal des Menschen sehen.

Drei epikureische Schriften

Der vorliegende Band bietet eine Übersetzung von drei epikurkritischen Schriften der *Moralia*. Dass sich Plutarch nicht nur in diesen drei Schriften mit Epikur[4] und seinen philosophischen Lehren auseinandersetzt,[5] weist auf die große Bedeutung hin, die Epikur noch zur Zeit Plutarchs hatte. Epikur ist in den Jahrhunderten um die Zeitenwende ein beliebter Autor der römischen Oberschicht. Nachweislich sympathisieren viele einflussreiche Römer mit der epikureischen Lehre.[6] Die prominentesten sind wohl die Dichter Lukrez mit seinem Lehrgedicht *De natura deorum* und Horaz, der sich in einer seiner Episteln (1, 4, 16) scherzhaft als ein »Schwein aus der Herde des Epikur« bezeichnet. Schon Cicero setzt sich vor allem in seiner Abhandlung *Über das höchste Gut und das größte Übel* kritisch mit Epikur auseinander.[7] In der Kaiserzeit verwendet sogar der

4 Konrat Ziegler: Plutarchos von Chaironeia, Stuttgart, 2. Aufl. 1964, zählt die drei Schriften zu den »wissenschaftlich-philosophischen Schriften« des Autors (Sp. 125-130). »Für die Kenntnis Epikurs und seiner Schriften sind die beiden großen Streitschriften P.s Quellen von fundamentaler Bedeutung« (Sp. 129).

5 Im Lamprias-Katalog sind insgesamt neun einschlägige Schriften aufgeführt – von den zahlreichen Epikurzitaten in weiteren Schriften ganz zu schweigen.

6 Vgl. J. Ferguson: Epicureanism under the Roman Empire, in: ANRW II/36. 4, 1990, 2257-2327, bes. 2262.

7 Gedankliche Nähe zwischen Cicero und Plutarch – mehrfach kann auf Parallelen zwischen den beiden Autoren hingewiesen werden – führt nicht zwingend zur Annahme einer gemeinsamen Quelle: Vgl. Adam 1974, 39.

Stoiker Seneca in seinen *Briefen an Lucilius* Gedanken Epikurs.
Die antireligiös-aufklärerische Zielsetzung des Epikureismus mag ein Grund für seine Fortdauer gewesen sein. Man findet in der epikureischen Philosophie ein Gegengewicht zu den immer stärker werdenden religiösen Strömungen. Gerade darauf aber reagiert Plutarch mit einer antiepikureischen »Gegenaufklärung«. Seine Ablehnung Epikurs ist wohl damit zu erklären, dass er den engen Zusammenhang zwischen Religion und Moral, den er durch Epikur gefährdet sieht, wieder bewusstmachen will. Denn die epikureische Ablehnung der Religion bedeutet für Plutarch, den späteren Priester in Delphi, die Vernichtung jeder Ordnung und Moral. In der Schrift gegen Kolotes heißt es (Kap. 31):[8]

> Wenn man auf Reisen ist, kann man wohl Städte finden ohne Mauern, ohne Schrift, ohne Könige, ohne feste Häuser, ohne Reichtümer, ohne Verlangen nach Geld und ohne Theater und Gymnasien; aber eine Stadt ohne Heiligtümer und Götter, in der es nicht üblich ist, Gelübde abzulegen und Eide zu schwören, ohne Weissagungen und Opfer zum Dank für Gutes und zur Abwehr von Übeln hat noch niemand gesehen und wird es auch nicht. Ich glaube wirklich, eine Stadt dürfte eher ohne Grund und Boden entstehen und ihre Existenz sichern können, als dass ein Staat bei vollständiger Vernichtung des Götterglaubens Bestand hätte. Diesen Glauben, der jede Gemeinschaft zusammenhält und eine Stütze und Grundlage der Gesetzgebung bildet, zerstören die Epikureer ... Wie von einem bösen Geist getrieben, geben die Epikureer durchaus zu, schlimme Dinge zu tun, indem sie alle anerkannten Regeln brechen und die gesetzliche Ordnung zerstören ...

8 Für den Übersetzungstext bleibt die Stephanus-Zählung zugunsten der Kapitelzählung unberücksichtigt.

Plutarchs Ablehnung des Epikureismus ist aber auch darauf zurückzuführen, dass er ein glückliches Leben nicht mit einem stets gefährdeten und vergänglichen Körper in Verbindung bringen kann. Ferner ist er nicht in der Lage, Epikurs Ablehnung der Unsterblichkeit nachzuvollziehen. Schließlich will er Epikurs angeblichen »Atheismus« nicht akzeptieren. Er nimmt aber nicht zur Kenntnis, dass Epikur die Götter gar nicht leugnet, sondern nur vor falschen Vorstellungen von den Göttern warnt:[9]

> Es gibt nämlich Götter. Ihre Erkenntnis ist unmittelbar einleuchtend. Sie sind jedoch nicht so, wie die Leute glauben ... Gottlos aber ist nicht jener, der die Götter der Leute verwirft, sondern der den Göttern den Glauben der Leute anhängt.

In einem wichtigen Punkt kann Plutarch Epikur auf keinen Fall folgen: Nach Epikur gibt es keine göttliche Vorsehung;[10] die Gottheit greift auch nicht in das Schicksal des Menschen ein. Daraus folgt, dass sie auch weder belohnt noch bestraft. Diese göttliche Zurückhaltung hat nach Plutarch[11] negative Auswirkungen auf die menschliche Gesellschaft:

> Wann wird denn eigentlich unser Leben tierisch, wild und ungesellig werden? Wenn einerseits die Gesetze aufgehoben werden und andererseits die Lehren bestehen bleiben, die zur Sinnenlust auffordern, wenn man einerseits nicht an die Vorsehung der Götter glaubt und andererseits die Leute für Weise hält, die auf das Gute spucken, wenn es nicht mit Sinnenlust verbunden ist ...

9 Epikur bei Diogenes Laertius, *Leben und Meinungen berühmter Philosophen* 10, 123 (Diogenes Laertius wird im Folgenden nur unter seinem Namen zitiert).
10 Epikur, *Maßgebende Sätze*, Nr. 1.
11 *Adversus Colotem*, Kap. 30.

Weil Plutarch anders als Epikur an die Güte und Gerechtigkeit der Gottheit und die göttliche Vorsehung glaubt, kann er Epikur nicht folgen, der diese göttlichen Eigenschaften und Funktionen bestreitet, ohne aber »gottlos« zu sein.
Die drei epikureischen Schriften dienen dem Zweck, dem Leser von einer Nachfolge Epikurs dringend abzuraten. Die Gründe dafür legt Plutarch ausführlich und gründlich dar. Dabei wird er der epikureischen Lehre nicht immer gerecht und unterstellt Epikur Ansichten, die dieser nicht unbedingt vertritt.

Drei kleine Schriften aus den *Moralia*

Erwiderung auf die Polemik des Epikureers Kolotes gegen die anderen Philosophen (*Moralia* 1107D-1127E)

Einführung

Die wohl kurz vor 100 n. Chr. verfasste Schrift[12] ist eine Auseinandersetzung mit einem sonst unbekannten Buch, das Kolotes unter dem Titel *Über die Tatsache, dass eine Zustimmung zu den Anschauungen der anderen Philosophen es unmöglich macht, wirklich zu leben* veröffentlichte und das nicht mehr erhalten ist. Bemerkenswert ist die Tatsache, dass Plutarch immerhin 350 Jahre nach dem Erscheinen der Schrift des Kolotes es für wert erachtet, auf die Argumente ihres Verfassers einzugehen.

Kolotes von Lampsakos[13] (geboren etwa 325 v. Chr.) wurde wahrscheinlich Schüler des Epikur, als dieser seine Schule zwischen 310 und 306 v. Chr. in der Stadt betrieb. Epikurs Brief an ihn (1117 B-C) stammt wahrscheinlich aus der Zeit, als Epikur Lampsakos verlassen hatte, um nach Athen zu gehen (306 v. Chr.).

In seinem Werk geht Kolotes auf die Anschauungen des Arkesilaos ein, der zwischen 268 und 264 v. Chr. Schulhaupt der platonischen Akademie wurde. Arkesilaos hinterließ keine Schriften; sein Ruhm beruht nur auf seinen Vorlesungen, und man darf annehmen, dass er, als er von Kolotes angegriffen wurde, schon Schulhaupt der Akademie war. Kolotes

12 Vgl. auch Zacher 1982, 15.

13 Von Diogenes Laertius 10, 25 wird er als sehr angesehener Schüler Epikurs erwähnt. Weitere Informationen bei Hans von Arnim: Kolotes, in: RE XI 1921, 1120-1121.

dürfte seine Schrift demnach nicht vor 268 verfasst haben. Der Ptolemaios, dem er sie widmete, war Ptolemaios II., der zwischen 282 und 246 in Ägypten regierte. Kolotes könnte zuletzt die epikureische Schule in Lampsakos geleitet haben.

Kolotes polemisierte gegen Platon und mehrere seiner Dialoge, wie zum Beispiel gegen einen Mythos im zehnten Buch der *Politeia*, der großen Einfluss auf die Geschichte der Philosophie ausübte (vergleiche zum Beispiel Cicero, *Somnium Scipionis*) und in dem es um das Gericht im Jenseits geht; Kolotes nimmt auf Platon Bezug und stellt in seiner Schrift die Frage, wie es möglich sei, dass ein toter Mann wieder ins Leben zurückkehre.

Aus Plutarchs Erwiderung auf Kolotes geht hervor, dass sich dieser offensichtlich mit folgenden Philosophen beschäftigte: mit Demokrit,[14] dem sein besonderes Interesse galt, ferner mit

14 Demokrit aus Abdera in Thrakien (460 bis 390 v. Chr.) schrieb philosophische Abhandlungen und fachwissenschaftliche Schriften auf unterschiedlichen Gebieten (z. B. Medizin, Ethik, Landwirtschaft, Militärwissenschaft). Im Mittelpunkt der physikalischen Schrift *Große Weltordnung* steht die Lehre von den Atomen, die Demokrit als die nicht mehr teilbaren Elemente einer ausschließlich materiellen Welt versteht. Demokrits Wahrnehmungslehre beinhaltet die Auffassung, dass die sinnlich wahrnehmbaren Qualitäten der Dinge subjektiv sind und nicht den Dingen selbst gehören. In der objektiven Welt gibt es demnach keine Farben oder Geräusche. Die Welt, wie wir sie erleben, entsteht also erst im Kopf.

Parmenides,[15] Empedokles,[16] Sokrates,[17] Platon[18] und Stilpon.[19] Außerdem befasste er sich mit der Schule der Kyrenaïker[20] und der Akademie des Arkesilaos.[21]

15 Parmenides aus Elea in Süditalien (515 bis 445 v. Chr.) verfasste ein philosophisches Lehrgedicht *Über die Natur* in daktylischen Hexametern. Er unterscheidet ein ewiges Sein von einer sinnlich wahrnehmbaren Welt des Scheins, die entstanden ist und wieder vergehen wird.

16 Empedokles aus Akragas in Sizilien (500 bis 430 v. Chr.) verfasste u. a. ein philosophisch-religiöses Lehrgedicht in daktylischen Hexametern *Über die Natur*. Nach Empedokles besteht die Welt aus den vier Elementen: Feuer, Wasser, Luft und Erde. Durch die beiden einander entgegengesetzten Grundkräfte »Liebe« und »Hass« werden Verbindung und Trennung der Elemente, d. h. Entstehen und Vergehen, verursacht.

17 Sokrates aus Athen (469 bis 399 v. Chr.) ist der wirkungsmächtigste Philosoph der Antike. Sein bedeutendster Schüler war Platon, in dessen Dialogen er als Wortführer dargestellt ist. Berühmt ist seine Überzeugung vom Wissen des Nichtwissens.

18 Platon aus Athen (427 bis 347 v. Chr.) schrieb u. a. Dialoge, in denen sein Lehrer Sokrates die Hauptrolle spielt. Sein wichtigstes Werk ist die *Politeia* mit dem Entwurf eines Idealstaats. Platon fordert dazu auf, die kommunikative Denkbewegung des Dialogs als Möglichkeit des Wissenserwerbs ernst zu nehmen.

19 Stilpon war seit 130 v. Chr. Leiter der am Anfang des 4. Jahrhunderts v. Chr. von dem Sokratiker Eukleides von Megara gegründeten Philosophenschule der Megariker. Er lehnte die platonische Ideenlehre ab und bestritt die Möglichkeit, Allgemeinbegriffe zu bilden.

20 Die Kyrenaïker gelten als eine sokratische Schule. Sie gehen auf Aristipp von Kyrene (425 bis 355 v. Chr.) zurück, der eine Lehre von einem kontrollierten Lustgewinn als Lebensziel vertrat.

21 Arkesilaos war um 300 v. Chr. der Begründer der mittleren Akademie. Er bekämpfte den Dogmatismus der Stoa, leugnete die Möglichkeit eines zuverlässigen Wissens und bestritt, dass es Kriterien der Wahrheit gebe; man könne allenfalls das Wahrscheinliche annehmen.

Allen genannten Personen wirft Kolotes vor, ihre Lehren machten es unmöglich, ein menschenwürdiges Leben zu führen: Denn Demokrit, Empedokles und Sokrates betonten die Unzuverlässigkeit der sinnlichen Wahrnehmung. Parmenides halte sie für völlig unmöglich. Platon erkläre die Meinungen über sie für wertlos. Stilpon halte brauchbare Aussagen über die äußeren Dinge für unmöglich. Die Kyrenaïker träfen überhaupt keine Aussagen über sie. Der Skeptiker Arkesilaos verweigere jede Zustimmung zu irgendetwas.

Der Epikureer Kolotes bekämpft Lehrmeinungen, die die »sinnliche Erfahrung herabsetzen, sie für unzuverlässig erklären und die Dinge der Außenwelt entweder für nicht existierend oder nur in gewissem Sinn für wirklich erklären«.[22] Den bekämpften Lehren ist gemeinsam, dass sie negativ sind, das heißt etwas verneinen (zum Beispiel, dass die Eigenschaften der Dinge nur »nach Vereinbarung« in ihren Qualitäten wahrgenommen werden und das Wirkliche nur die Atome und das Leere sind). Alle Lehren, von denen sich Kolotes distanziert, behaupten, dass etwas nicht so ist, wie es der alltäglichen Erfahrung entspricht.

Die namentlich nicht genannten »anderen Philosophen« waren wahrscheinlich Zeitgenossen des Kolotes, nicht aber Xenokrates und die Peripatetiker, auf die er nicht einging, so glaubt man, da er in ihnen Nachfolger Platons sah. Laut Plutarch befasste er sich auch nicht mit Thales, Pythagoras, Heraklit, Anaxagoras und den Kynikern.

Der zentrale Vorwurf des Kolotes gegen die Philosophen – wie wir ihn aus Plutarchs Schrift *Gegen Kolotes* rekonstruieren können –, dass sie das Leben unmöglich machten, ist dem Vorwurf gegen die Skeptiker vergleichbar, dass diese unser Leben zerstörten. Es ist allerdings nicht leicht, Arkesilaos wegen ir-

22 Westman 1955, 87.

gendwelcher Lehren anzugreifen, da er anscheinend gar keine (publiziert) hatte.[23]

Weil Demokrit die Auffassung vertrat, sinnliche Wahrnehmungen gäben keine Informationen über die Dinge, sondern beruhten auf Vereinbarungen und Konventionen und nur die Atome und der leere Raum existierten wirklich, war Kolotes davon überzeugt, dass auch die Lehre Demokrits das Leben unmöglich mache. Ein weiterer seiner Einwände ist gegen Demokrits Behauptung gerichtet, dass »das eine nicht mehr ist als das andere«; so ist für Demokrit Honig gleichermaßen süß wie bitter; wie er jeweils schmeckt, hängt zum Beispiel vom Gesundheitszustand des Menschen ab. »Süß« und »bitter« sind für ihn also keine wirklich vorhandenen Eigenschaften. Da die Empfindungen »süß« oder »bitter« also anlässlich desselben Dinges ausgelöst werden können, sagt Demokrit von dem Ding, es sei ebenso das eine wie das andere. Die Wahrnehmungen der Dinge können daher nicht wahr sein; die Empfindungen vermitteln grundsätzlich keine Wahrheit. Die Folge ist nach Kolotes die totale Verunsicherung.

Am Schluss seiner Auseinandersetzung mit Kolotes stellt Plutarch lapidar fest, dass sich die gegen die »anderen« Philosophen gerichtete Polemik des Epikureers als eine Selbstanklage erweise, die grundsätzliche Schwächen und Ungereimtheiten der epikureischen Lehre sichtbar mache. Am Ende habe Kolotes den Leser ungewollt zu der Einsicht gebracht, dass es nicht möglich ist, lustvoll und glücklich zu leben, wenn man Epikurs Lehren folgt. Aus dieser Schlussfolgerung ergibt sich später auch ein harmonischer Übergang zu Plutarchs zweiter antiepikureischer Schrift: *Non posse suaviter vivi secundum Epicurum*.

23 Vgl. Cicero, *Academica priora* 2, 6 [17].

Übersetzung

Der Gesprächsanlass

(1) Kolotes, den Epikur liebevoll mit »Kolotchen« und mit »mein lieber kleiner Kolo« anzureden pflegte, Saturninus,[1] brachte ein Buch mit folgendem Titel heraus: *Es ist unmöglich, nach den Lehren der anderen Philosophen zu leben*. Er widmete es König Ptolemaios. Ich glaube, du wirst dich freuen zu lesen, was ich auf die Ausführungen des Kolotes erwidert habe, da du ja ein Liebhaber alles Schönen und Alten bist und es für eine ausgesprochen königliche Tätigkeit hältst, dich an die Aufzeichnungen der alten Philosophen zu erinnern und, soweit möglich, in den Händen zu haben.

(2) Als neulich das Buch dann vorgelesen wurde, blieb einer unserer Freunde, Aristodemos von Aigion (du kennst doch den Mann als einen, der kein einfacher Anhänger der Akademie, sondern ein leidenschaftlicher Verehrer Platons ist), irgendwie ganz ungewöhnlich still und beherrscht und zeigte sich auch bis zum Schluss noch als sehr zurückhaltender Zuhörer. Als dann die Lesung zu Ende war, sagte er: »Nun gut. Wer kann denn die Philosophen[2] gegen diesen Mann verteidigen? Denn

ich befürworte Nestors Empfehlung nicht, alles dem Zufall zu überlassen und zu losen,[3] wie er es tat, als es notwendig war, den besten der ›neun Helden‹ auszuwählen.« Ich erwiderte: »Aber du siehst doch, dass jener sich selbst als Herrn des Verfahrens einsetzte, so dass die Auslosung unter der Aufsicht des klügsten Schiedsrichters erfolgte, und

> aus dem Helm sprang das Los des Aias, das sie sich alle wünschten.[4]

Aber wenn du anordnest, dass gewählt werden soll,

> wie könnte ich dann den göttergleichen Odysseus vergessen?[5]

Sieh also zu und überlege, wie du dich gegen den Mann wehren willst.« Aristodemos erwiderte: »Aber du weißt doch, dass Platon, als er über einen Sklaven erzürnt war, diesen nicht gleich selbst verprügelte, sondern Speusippos befahl, dies zu tun, indem er sagte, er selbst sei zu zornig dafür. Nimm du dir also diesen Kolotes vor und bestrafe ihn, wie du willst. Denn auch ich bin doch ziemlich zornig.«

Unsachlichkeit
Als sich auch noch die anderen diesem Vorschlag anschlossen, sagte ich: »Ich muss also sprechen, fürchte aber, dass auch ich das Buch ernster zu nehmen scheine, als es erforderlich ist, weil ich mich über die Plumpheit, den seltsamen Witz und die Respektlosigkeit des Menschen, der Sokrates irgendwelches ›Gras‹ hinwirft und fragt, wie es komme, dass er sein Futter in seinen Mund und nicht in seine Ohren stecke. Vielleicht könnte jemand über so etwas lachen, wenn er an die Geduld und den Charme des Sokrates denkt:

Doch um der ganzen Schar der Griechen willen,

das heißt, im Interesse aller anderen Philosophen, unter denen sich Demokrit, Stilpon, Empedokles, Parmenides und Melissos[6] befinden, die von den Epikureern besonders geschmäht werden, ist es nicht nur

schändlich zu schweigen,[7]

sondern zudem nicht im mindesten anständig, auch nur ein bisschen nachzugeben und nicht mit äußerster Entschlossenheit für diejenigen das Wort zu ergreifen, die die Philosophie zu so großem Ansehen gebracht haben. Das Leben haben uns zwar unsere Eltern mit Hilfe der Götter gegeben, von den Philosophen aber haben wir, so meinen wir, die Vernunft verliehen bekommen, die mit Recht und Gesetz zusammenwirkt und unsere Begierden im Zaum hält. Doch das gute Leben ist ein gemeinschaftliches, freundschaftliches, vernunftbestimmtes und gerechtes Leben; aber nichts davon lassen uns diejenigen, die herumschreien, dass das Gute über den Magen gehe und dass sie alle Tugenden der Welt nicht einmal für einen einzigen durchlöcherten Kupferpfennig ohne die Lust besitzen wollten, wenn diese von den Tugenden vollständig getrennt sei. Sie beschränkten sich ferner nur auf den einen Gedanken über die Götter und die Seele: Die Seele löse sich auf und gehe zugrunde, und die Götter kümmerten sich um nichts, was uns betreffe. Denn einerseits werfen die Epikureer den anderen Philosophen vor, sie machten das Leben aufgrund ihrer Weisheit unmöglich; andererseits aber distanzieren sich die anderen Philosophen von den Epikureern, weil sie uns lehrten, würdelos und wie die Tiere zu leben.

Demokrit und Epikur

(3) Diese Anschauungen sind tatsächlich in allen Äußerungen Epikurs enthalten und durchdringen seine ganze Philosophie. Dass Kolotes aber so vorgeht, dass er gewisse Aussagen aus ihrem Zusammenhang reißt und Teile und nichtssagende Fetzen von Gedanken von allem trennt, was sie überzeugend, verständlich und glaubhaft macht, und auf diese Weise ein Buch zusammenschustert wie einen Kramladen oder ein Phantasiegemälde, wisst ihr wohl besser als jeder andere, seid ihr doch in den Schriften der Alten zu Hause. Wie mir scheint, öffnet er zu seinem eigenen Verderben nicht nur eine einzige Tür wie der Lyder,[8] sondern er bringt Epikur in viele sehr große Schwierigkeiten.

Kolotes beginnt nämlich mit Demokrit, der jedenfalls von Epikur für seine Lehre ein schönes und angemessenes Honorar bekam. Denn Epikur hat sich lange Zeit als Demokriteer bezeichnet, wie es neben anderen auch Leonteus, einer der Spitzenschüler Epikurs, bestätigt. Dieser schrieb an Lykophron, Demokrit werde von Epikur verehrt, weil er schon vor ihm die richtige Erkenntnis gewonnen habe. Im Übrigen könne man sein ganzes Lehrgebäude als demokriteisch bezeichnen, weil Demokrit als Erster auf die Prinzipien der Naturphilosophie gekommen sei. Metrodoros hat in seinem Werk *Über die Philosophie* mit Nachdruck betont, Epikur hätte seine Einsichten nicht gewonnen, wenn Demokrit ihm nicht den Weg bereitet hätte. Wenn es nun aber nicht möglich ist, nach Demokrits Lehre zu leben, wie Kolotes glaubt, machte sich bereits Epikur lächerlich, weil er Demokrit auf seinem Weg in ein unmögliches Leben gefolgt ist.

(4) Als Erstes wirft Kolotes Demokrit vor, dass er das Leben völlig durcheinanderbringe, weil er behaupte, jeder Gegenstand sei nicht in höherem Maße das Eine als das Andere (τοῖον ἢ τοῖον εἶναι).[9] In Wirklichkeit aber ist Demokrit so weit da-

von entfernt zu meinen, jeder Gegenstand sei jedem anderen gleich, dass er sogar den Sophisten Protagoras bekämpfte, der dies behauptet hatte,[10] und viele überzeugende Argumente gegen ihn formulierte. Kolotes, der diese nicht einmal im Traum zur Kenntnis nahm, hat einen Begriff des Demokrit missverstanden, mit dem er definiert, dass das ›etwas‹ nicht in höherem Maße ›real‹ sei (μᾶλλον εἶναι) als das ›nichts‹.[11] Demokrit meint mit dem Begriff ›etwas‹ den Körper und mit dem Begriff ›nichts‹ das Leere, wobei seiner Meinung nach auch das Leere ein eigenes Wesen und eine eigene Substanz hat.

Sinneswahrnehmungen und Empfindungen sind relativ

Wer aber bisher die Auffassung vertreten hat, dass ›nichts in höherem Maße so ist als anders‹, fußt auf einer Theorie Epikurs, der Überzeugung nämlich, dass alle Eindrücke, die uns durch unsere Sinne erreichen, wahr sind. Denn wenn der eine von zwei Leuten sagt, der Wein sei sauer, und der andere, er sei süß, und keiner von beiden sich aufgrund seiner sinnlichen Wahrnehmung täuscht, inwiefern kann dann der Wein in höherem Maße sauer sein statt süß?[12] Ferner kann man sehen, dass die einen das Wasser in demselben Bad als zu warm und die anderen als zu kalt empfinden. Denn dann verlangen die einen, kaltes Wasser, die anderen, warmes Wasser zuzugießen.

Weiterhin erzählt man, eine Frau aus Sparta habe einmal Beronike, die Frau des Deiotaros, besucht. Als sie sich aber etwas näher gekommen waren, wandten sie sich sofort wieder voneinander ab: Die Spartanerin fühlte sich abgestoßen von dem Parfüm Beronikes, wie es schien, Beronike wiederum von dem Käsegeruch der Spartanerin.[13] Wenn nun die eine Sinneswahrnehmung nicht wahrer ist als die andere, liegt es nahe anzunehmen, dass das Kalt-Sein des Wassers in gleichem Maße existiert wie das Warm-Sein und das Parfüm und der Käse ebenso wohlriechend wie übelriechend ist. Wenn nämlich je-

mand feststellt, dass eine Sache als solche dem einen so und dem anderen so erscheint, dann hat er, ohne es zu merken, gesagt, dass sie beide Eigenschaften zugleich besitzt.
(5) Was die immer wieder erwähnten richtigen Größen und die perfekte Passung der Kanäle in den Sinnesorganen und die vielfältigen Mischungsverhältnisse der Samen betrifft, die in allen Geschmacksrichtungen, Düften und Farben vorhanden seien – wie die Epikureer behaupten – und die die unterschiedliche Wahrnehmung einer Eigenschaft durch unterschiedliche Personen hervorrufen sollen, müssen sie bei dieser Annahme nicht direkt davon ausgehen, dass alle Dinge völlig gleich sind? Denn wenn die Leute die Wahrnehmung für trügerisch halten, weil sie sehen, dass von denselben Gegenständen entgegengesetzte Wirkungen auf diejenigen ausgehen, die mit ihnen zu tun haben, geben sie zur Beruhigung folgende Erklärung: Da beinahe alle Dinge vermengt und miteinander vermischt sind und da das eine von Natur aus zu dem anderen passt, ergibt sich daraus, dass nicht alle Menschen mit derselben Eigenschaft in Berührung kommen und der Wahrnehmungsgegenstand mit allen seinen Teilen nicht alle Menschen auf dieselbe Weise anspricht; vielmehr treffen die einzelnen Menschen nur auf jene Bestandteile, für die sie eine entsprechende Empfindung haben und empfänglich sind. Und daher ist es unangebracht, dass sie sich darüber streiten (οὐκ ὀρθῶς διαμάχονται), ob der Gegenstand, um den es geht, brauchbar oder schädlich, weiß oder nicht weiß ist. Denn sie können ihre eigenen Empfindungen als berechtigt ansehen, indem sie die jeweils anderen nicht gelten lassen.[14] Denn es ist nicht richtig, einer Wahrnehmung und Empfindung ihre Berechtigung zu bestreiten; denn alle Wahrnehmungen stehen irgendwie in Verbindung miteinander, weil jede einzelne wie aus einer Quelle aus der vielfältigen Mischung von Wahrnehmbarem das ihr Entsprechende und Vertraute schöpft. Wir sollten auch

keine Aussagen über das Ganze machen, wenn wir nur Teile berühren, und uns nicht einbilden, dass alle Menschen dasselbe erfahren und empfinden; denn verschiedene Personen werden eben von unterschiedlichen Eigenschaften und Wirkungen ein und derselben Sache angesprochen.

Es ist jetzt wohl Zeit zu fragen, wer (unter den Philosophen) denn mehr als andere (μᾶλλον) den Dingen zuschreibt, dass auf sie das eine nicht mehr als das andere zutrifft (τὸ μὴ μᾶλλον εἶναι), als diejenigen, die erklären, dass alles Wahrnehmbare eine große Mischung unterschiedlicher Eigenschaften sei,

> eine Mischung wie der Most, der durch das Sieb gegossen wird,[15]

und die zugeben, dass ihnen die Anhaltspunkte (τοὺς κανόνας) und der Maßstab (für das Richtige: τὸ κριτήριον) völlig abhandenkämen, wenn sie einräumten, dass jeder beliebige Wahrnehmungsgegenstand eindeutig bestimmbar sei, und nicht zuließen, dass er vielerlei sein könne.[16]

(6) Sieh dir einmal an, wie Epikur auf Polyainos reagierte, der sich mit ihm im *Symposion*[17] über die wärmende Wirkung des Weines unterhielt. Als er nämlich die Frage stellte: ›Bestreitest du, Epikur, die wärmende Wirkung des Weins?‹, antwortete dieser: ›Warum musst du unterstellen, dass der Wein grundsätzlich eine wärmende Wirkung hat?‹ Und kurz darauf fügte er hinzu: ›Denn es scheint mir, dass der Wein nicht grundsätzlich eine wärmende Wirkung hat, sondern dass diese in ihrem Ausmaß von der jeweiligen Menge des getrunkenen Weins abhängig ist.‹ Dann wiederum nannte er als Grund dafür einerseits die Zusammenballung und die Trennung der Atome, andererseits ihre Verknüpfung und Verschlingung miteinander, sobald

sich der Wein mit dem Körper vermische. Dann fügte er noch hinzu: ›Deshalb darf man nicht sagen, der Wein habe grundsätzlich diese wärmende Wirkung; vielmehr hängt das Ausmaß der wärmenden oder der kühlenden Wirkung des Weines von der jeweiligen Verfassung der trinkenden Person ab. Denn in einer solchen Anhäufung von Atomen, aus denen der Wein besteht, befinden sich natürliche Bestandteile, auf denen das Kalte beruht oder die mit anderen verknüpft eine natürliche Kälte hervorrufen. Aufgrund einer Sinnestäuschung sagen die einen, dass der Wein grundsätzlich kalt, die anderen, dass er warm sei.

Wer nun behauptet, die meisten Menschen täuschten sich, wenn sie annähmen, das Warme sei warm oder das Kalte kalt, täuscht sich selbst, wenn er nicht die Doktrin des ›ein jegliches ist nicht mehr so als anders‹ als Folge dessen, was er behauptet (als Folge seiner Prämisse) anerkennt.

Epikur fügt dann aber auch noch hinzu:

> Oft gelangt der Wein in den Körper, ohne die Eigenschaft der Wärme oder der Kälte mitzubringen. Erst wenn der Körper in Bewegung gerät und seine Atome ihre Lage verändern, versammeln sich die Atome, die die Wärme erzeugen, bald an derselben Stelle und erzeugen aufgrund ihrer Masse Wärme und Hitze im Körper, bald fallen sie auseinander und verursachen Kälte.[18]

(7) Offensichtlich kann man diese Überlegung auf jede Sache anwenden, die ›bitter‹, ›süß‹, ›reinigend‹, ›einschläfernd‹ oder ›leuchtend‹ genannt beziehungsweise als eine solche eingeschätzt wird, da nichts eine nur aus sich selbst gesteuerte (αὐτοτελής) Eigenschaft und Wirkung hat, sondern gleichermaßen etwas bewirkt, wie es einer Wirkung ausgesetzt ist, wenn es mit dem Körper in Kontakt kommt. Es ist vielmehr ganz

deutlich, dass es in unterschiedlichen Körpern unterschiedliche Eigenschaften mit unterschiedlicher Intensität entfaltet. Epikur selbst sagt im zweiten Buch seiner *Erwiderung auf Theophrast*,[19] dass auch die Farben nichts mit den Körpern zu tun haben, das heißt körpereigen sind, sondern dass sie aufgrund bestimmter Positionen zum Auge entstehen. In diesem Sinne, so sagt er, sei ein Körper ebenso farblos wie farbig.

Etwas vorher sagt er wörtlich: ›Doch auch unabhängig von dieser Frage muss man doch wohl davon ausgehen, dass diese Körper auch im Dunkeln Farbe haben. Es geschieht doch oft, dass einige Menschen, wenn Gegenstände gleichmäßig in Dunkelheit gehüllt sind,[20] Farben unterscheiden, einige aber wegen ihrer schwachen Sehkraft sie nicht wahrnehmen. Weiterhin sehen wir keine Farbe, wenn wir gerade in ein dunkles Haus eingetreten sind; wenn wir uns aber kurze Zeit dort aufgehalten haben, dann schon.‹ Von keinem Körper wird man also in höherem Maße sagen können, dass er Farbe habe, als dass er ohne Farbe sei. Wenn aber Farbe nur im Verhältnis zu etwas anderem existiert, dann wird es auch das Weiße und Blaue nur im Verhältnis zu etwas anderem geben. Wenn das zutrifft, dann gilt das auch für süß und bitter. Folglich trifft auf jede Eigenschaft die Aussage zu: ›Sie ist nicht in höherem Maße diese, als diese nicht zu sein‹. Denn für diejenigen, die es so empfinden, wird es so sein, für diejenigen aber, die es nicht so empfinden, wird es nicht so sein.

Den Schlamm und den Unrat, in dem, wie Kolotes sagt, diejenigen versinken, die den Dingen unterstellen, ›nicht in höherem Maße so als anders zu sein‹, gießt er über sich selbst und seinen Meister aus.

Wer Demokrit vernichtet, vernichtet auch Epikur

(8) Trifft es also nur hier zu, dass unser Freund

> anderen Menschen ein Arzt sein will, aber selbst unter Schmerzen leidet?[21]

Ganz und gar nicht. Und im zweiten Teil seiner Polemik fällt es noch stärker auf, dass er, ohne es zu merken, mit Demokrit zugleich auch Epikur vernichtet. Denn Demokrits Thesen, ›Farbe und Süße gebe es nur aufgrund von Vereinbarung (νόμῳ)‹ und ebenso ›die Art der Verbindung der Atome miteinander (σύνκρισις) gebe es nur aufgrund von Vereinbarung‹ und ebenso das Übrige, und sein ›in Wirklichkeit existiere nur der leere Raum und die Atome‹ sind nach Kolotes mit der sinnlichen Wahrnehmung nicht vereinbar. Wenn jemand bei dieser Auffassung bleibe und sie auf die Wirklichkeit anwende, so Kolotes, dann könne er von sich selbst nicht mehr annehmen, dass er als Mensch existiere oder am Leben sei.
Ich kann diesem Argument zwar nichts entgegenhalten,[22] muss aber feststellen, dass dies mit Epikurs Lehre so untrennbar verbunden ist, wie nach epikureischer Auffassung die Form und das Gewicht mit dem Atom untrennbar verbunden sind. Denn was sagt Demokrit?[23] Dass die Atome, die ›Elemente des Seins‹ (οὐσίαι), zahlenmäßig unbegrenzt, unteilbar und unzerstörbar, darüber hinaus eigenschaftslos (ἄποιοι) und nicht von der Art, Einwirkungen erfahren zu können (ἀπαθεῖς), und im leeren Raum verteilt in Bewegung seien. Wenn sie sich aber einander näherten, zusammenstießen oder sich verknüpften, dann zeige sich diese Verbindung zwar als Wasser, Feuer, Pflanze oder Mensch, doch bestehe alles aus diesen unteilbaren ›Formen‹ (ἰδέαι), wie Demokrit sie nennt, und aus nichts anderem sonst. Denn einerseits entstehe nichts aus dem Nichtseienden, aber andererseits entstehe auch nichts (anderes) aus dem Seienden, weil die Atome aufgrund ihrer Festigkeit keine Einwirkung zuließen und sich nicht verändern könnten. Daraus folge, dass weder Farbe aus Farblosem noch ein natürliches Wesen

oder eine Seele aus eigenschaftslosen oder empfindungslosen (ἀπαθεῖς) Elementen hervorgehe. Demokrit ist also nicht vorzuwerfen, dass er erklärt, was sich aus seinen Elementen (ἀρχαί) ergibt, sondern dass er Elemente annimmt, aus denen sich dies ergibt. Denn er hätte seine Elemente erst gar nicht als unveränderlich hinstellen sollen; nachdem er sie aber nun einmal als unveränderlich hingestellt hatte, hätte er zugleich sehen müssen, dass dadurch die Entstehung irgendeiner Eigenschaft ausgeschlossen ist. Aber diese Unmöglichkeit zu sehen und dann zu leugnen, ist besonders unverschämt. Demnach beweist auch Epikur die größte Unverschämtheit, wenn er sagt, er gehe von denselben Elementen aus, aber nicht sagt, dass es Farbe nur ›durch Vereinbarung‹ gebe und dasselbe für süß und bitter und die anderen Eigenschaften gelte. Wenn der Satz ›er sagt nicht‹ bedeutet ›er räumt es nicht ein‹, dann tut er etwas, was er öfter tut (er formuliert öfter nicht die Konsequenzen seiner Annahmen): Denn obwohl er auch die Vorsehung beseitigt, sagt er, er lasse die Frömmigkeit bestehen, und obwohl er sich um der Lust (ἡδονή) willen für die Freundschaft entscheidet, nimmt er für die Freunde größte Leiden auf sich, und während er das Universum als grenzenlos annimmt, lässt er doch ›oben und unten‹ gelten. Aber wenn es noch nicht einmal beim Wein und in lockerer Stimmung angemessen ist, einen Becher zu nehmen, so viel zu trinken, wie man will, und den Rest weiterzugeben, so muß man doch, wenn man einen seriösen Gedankengang entwickelt, ganz besonders an dieses kluge Wort erinnern: ›Es ist nicht von Bedeutung, wo man beginnt, aber die Schlussfolgerung ist zwingend.‹[24] In diesem Sinne war es nicht notwendig, Demokrits Lehre zugrunde zu legen oder ihm vielmehr zu entwenden und davon auszugehen, dass die Elemente aller Dinge Atome sind. Aber wenn man einmal die Lehre zugrunde gelegt und sich anfangs mit ihrer Überzeugungskraft gebrüstet hat, muss man auch ihre uner-

träglichen Folgen auslöffeln oder beweisen, wie eigenschaftslose Körper nur dadurch, dass sie zusammentreffen, vielfältige Eigenschaften entstehen lassen.
Um gleich das sogenannte Warme als Beispiel zu nehmen: Wo ist es entstanden und wie konnte es auf die Atome zurückgeführt werden, die weder von sich aus Wärme mitbrachten noch warm wurden, als sie zusammentrafen? Denn das eine setzt den Besitz einer Eigenschaft voraus, das andere die Fähigkeit, eine Veränderung, eine Einwirkung zu erfahren; ihr behauptet aber,[25] dass den Atomen aufgrund ihrer Unzerstörbarkeit keines von beidem zukommt.

Atome oder vier Elemente?
(9) Was heißt das? Gelang es nicht auch Platon, Aristoteles und Xenokrates,[26] Gold aus etwas zu machen, was nicht Gold war,[27] und einen Stein aus etwas herzustellen, was nicht aus Stein war, und alle anderen Dinge aus vier einfachen und ursprünglichen Elementen entstehen zu lassen? So ist es. Aber bei jenen kommen die Elemente direkt zusammen, um jeden einzelnen Gegenstand entstehen zu lassen, indem sie ihre eigenen Eigenschaften gewissermaßen als grobe Baupläne (συμβολὰς μεγάλας) mit einbringen, und wenn an derselben Stelle Feuchtes mit Trockenem, Kaltes mit Warmem, Hartes mit Weichem zusammenkommen und zusammentreffen, erreichen sie als Körper, die sich gegenseitig beeinflussen und sich durch und durch verändern, dass durch eine jeweils andersartige Mischung etwas Andersartiges entsteht. Dagegen ist das Atom für sich allein völlig isoliert und ohne jede verursachende Kraft, und wenn es mit einem anderen Atom zusammentrifft, erzeugt es aufgrund seiner Härte und seiner Widerstandskraft einen Knall, spürt und ruft aber keine andere Wirkung hervor. Es ist vielmehr so, dass die Atome alle Zeit der Welt nur voneinander getroffen werden und aufeinander treffen, und abge-

sehen davon, dass sie kein Lebewesen, keine Seele oder kein natürliches Ding entstehen lassen könnten, wären sie in ihrer stets unruhigen und ungeregelten Bewegung nicht einmal in der Lage, aus sich selbst heraus eine gemeinsame Menge und eine feste Zusammenballung zu bilden.

Stellungnahme zu Empedokles

(10) Als ob sich Kolotes an einen ungebildeten König wendete, greift er anschließend Empedokles[28] an, wie wenn er dieselbe Lehre (wie Demokrit) vertreten hätte:

> Noch etwas anderes will ich dir sagen: Geburt (φύσις) gibt es bei keinem
> sterblichen Wesen, aber auch nicht das tückische Verhängnis des Todes,
> sondern es findet nur Mischung und Trennung des Gemischten statt,
> das bei den Menschen Geburt genannt wird.[29]

Ich sehe nicht, inwiefern diese Worte denjenigen das Leben schwermachen, die (wie Demokrit und seine Nachfolger) annehmen, dass weder etwas aus dem Nichts entstehen noch etwas Vorhandenes in das Nichts vergehen kann, sondern dass der Begriff ›Entstehung‹ nichts anderes bezeichnet als die Verbindung bestimmter Existenzformen und ›Tod‹ ihre Trennung voneinander. Denn dass Empedokles ›Geburt‹ (φύσις) mit ›Entstehung‹ (γένησις) gleichsetzte, bewies er durch die Gegenüberstellung von Tod und Geburt. Aber wenn diejenigen, die die Entstehung als Mischung und den Tod als Trennung definieren, nicht leben und nicht leben können, was tun denn dann die Epikureer anderes? Doch wenn Empedokles die Elemente mit Hilfe von Wärme, Geschmeidigkeit (μαλακότης) und Feuchtigkeit zusammenklebt und zusammenfügt, verschafft er ihnen die Möglichkeit zu einer Vermischung und einer irgendwie natürlichen Verbindung, während diejenigen, die die starren und unbeeinflussbaren Atome aufeinandertreffen lassen, mit ihnen nichts erzeugen, sondern sie nur auf vielfache Weise ununterbrochen zusammenstoßen lassen. Denn die Verknüpfung, die die Auflösung verhindert, fördert eher das Zusammenstoßen, so dass bei ihnen die sogenannte Entstehung keine Vermischung oder Verklebung, sondern ein Durcheinander und ein Kampf ist. Wenn aber die Atome für einen winzigen Augenblick zusammentreffen und dann aufgrund des Zusammenstoßes zurückprallen, dann aber wieder aufeinander zukommen, wenn der Schlag seine Wirkung verloren hat, dann sind sie mehr als die doppelte Zeit entfernt voneinander und haben keinen Kontakt und keine Nähe zueinander, so dass aus ihnen nichts und nicht einmal etwas Unbeseeltes hervorgehen kann. Wahrnehmung, Seele, Verstand, Denkfähigkeit geben auch beim besten Willen keinen Anlass zu der Annahme, sie könnten im leeren Raum und mit Hilfe von Atomen entstehen, die für sich allein keine Eigenschaft, kein Empfindungsvermögen und keine Möglichkeit zur Veränderung haben, wenn sie zusammentreffen. Vielmehr führt nicht einmal ihr Zusammentreffen zu einer Verbindung, einer Vermischung und gar zu einem Zusammenwachsen, sondern nur dazu, dass sie zusammenprallen und sich gegenseitig abstoßen. So werden durch die Lehren dieser Leute (der Anhänger des Demokrit) das Leben und die Existenz von Lebewesen unmöglich gemacht, weil sie leere und empfindungslose (ἀπαθεῖς) Elemente annehmen, die ohne Gott und Seele und außerdem noch nicht einmal mischbar und zu verbinden sind.

(11) Wie können sie (die Demokriteer) dann noch das Wesen einer Sache, einer Seele oder eines Lebewesens unangetastet lassen? Wie können sie von einem Schwur, einem Gebet,

einem Opfer oder einer Geste der Verehrung reden, wenn sie diese Vorgänge mit ihren Worten und in ihrer Redeweise zwar bestätigen, bewerten und benennen, ihnen aber mit ihren ›Elementen‹ und ihren Lehrmeinungen den Boden wieder entziehen?

Wenn sie aber nun unter ›Natur‹ nur das verstehen, was von Natur aus vorhanden ist, und unter ›Entstehung‹ nur das, was entstanden ist, wie man Holzbretter als ›Bauholz‹ und harmonisch klingende Töne ausdrücklich als ›Harmonie‹ bezeichnet – wie ist dann Kolotes darauf gekommen, Empedokles Fragen wie diese zu stellen? ›Warum quälen wir uns selbst‹, fragt er, ›indem wir uns ernsthaft für uns abmühen und nach bestimmten Dingen streben und uns vor anderen in Acht nehmen? Denn weder existieren wir wirklich, noch haben wir ein Leben, das uns in Kontakt mit Menschen und Dingen bringt.‹ – ›Nur Mut‹, könnte man erwidern, ›liebes Kolotchen, niemand hindert dich doch daran, dich für dich selbst ernsthaft abzumühen, wenn Epikur dich lehrt, dass die ›Natur‹ des Kolotes nichts anderes ist als Kolotes selbst, und (niemand hindert dich) auch ›Umgang mit den Dingen‹ zu haben (die ›Dinge‹ sind bei euch natürlich die ›Freuden‹), und wenn Epikur zeigt, dass es keine ›Natur‹ von süßen Kuchen, von Düften oder von menschlicher Annäherung gibt, aber doch behauptet, dass es süße Kuchen, Düfte und Frauen gibt.‹ Nichts anderes tut der Schriftsteller, der mit der ›Kraft des Herakles‹ Herakles selbst meint.[30] Auch diejenigen handeln nicht anders, die sagen, dass die Harmonien und die Balkenkonstruktionen sprachliche Ausdrücke seien, und behaupten, dass es keine Töne und keine Balken gebe. Es gibt wirklich gewisse Leute, die die Seele und die Denkkraft abschaffen, ohne aber das Leben und das Denken selbst abzuschaffen, wie es scheint. Wenn Epikur sagt: ›Die Natur der Dinge besteht aus den Atomen und dem leeren Raum‹, müssen wir das dann so verstehen, als ob er sagen wollte, die ›Natur‹

sei etwas anderes als die ›existierenden Dinge‹, oder wollte er ganz einfach nur auf die ›Dinge‹ und auf nichts anderes hinweisen, weil es eben einfach seiner Gewohnheit entsprochen hat, die ›Natur des Leeren‹ als ›das Leere‹ selbst und, beim Zeus, die ›Natur des Universums‹ als das ›Universum‹ selbst zu bezeichnen? Und wenn jemand fragen würde: ›Was meinst du, Epikur? Dass es einerseits das Leere und andererseits die Natur des Leeren gibt?‹ Er wird antworten ›Nein, beim Zeus. Ein solcher Wortgebrauch ist einfach irgendwie üblich, und auch ich rede, wie es der Konvention (νόμῳ) entspricht.‹
Ist das denn nicht dasselbe, was auch Empedokles getan hat? Lehrte er doch, dass es keine Natur gibt neben dem, was auf natürliche Weise hervorgebracht wird, und keinen Tod neben dem Sterben, sondern, wie die Dichter oft in Bildern reden und sagen,

> da herrscht der Streit (Ἔρις), da tobt der Kampf (Κυδοιμός),
> da wütet der zerstörerische Tod (Κήρ),[31]

so verwendet man gewöhnlich auch Begriffe wie ›Entstehung‹ und ›Vernichtung‹ für ›Verbindung‹ und ›Trennung‹. So weit war Empedokles davon entfernt, das Seiende in Unordnung zu bringen und den Erscheinungen zu widersprechen, dass er nicht einmal in seiner Wortwahl vom allgemeinen Sprachgebrauch abwich. Aber wenn sie ein für die Dinge schädliches Missverständnis verursachte, beseitigte er dieses und gab den Begriffen wieder ihre übliche Bedeutung zurück wie in folgenden Worten:

> Wenn die Mischung (der vier Elemente) das Licht des hellen Tages in Gestalt eines Menschen erreicht hat[32]
> oder in der Erscheinungsform (κατὰ γένος) wilder Tiere oder Pflanzen oder Vögel, dann nennt man es ›Entstehen‹,

> wenn sie aber wieder getrennt werden, dann nennt man das ein ›schlimmes Geschick‹.
> Man spricht nicht so, wie es angebracht wäre (θέμις), aber sogar ich spreche, wie es sonst üblich ist (νόμος).[33]

Wenn Kolotes diese Zeilen zitiert, erkennt er nicht, dass Empedokles Menschen, Tiere, Pflanzen und Vögel nicht beseitigt hat, die seiner Meinung nach entstehen, wenn die Elemente sich mischen. Und obwohl Empedokles gezeigt hat, inwiefern die Leute sich irren, die für die Mischung und Trennung die Begriffe ›Geburt‹, ›unglückliches Schicksal‹ und ›rachsüchtiger Tod‹ verwendet haben, verhinderte er nicht den Gebrauch der dafür üblichen Namen.
(12) Wenn du an meiner persönlichen Überzeugung interessiert bist, dann wisse, dass Empedokles, meiner Meinung nach, allerdings nicht nur an diesen Bezeichnungen rüttelt, sondern dass er, wie schon gesagt, die Entstehung aus dem Nichts, die gewisse Leute ›Geburt‹ nennen, entschieden bestreitet. Er zeigt das vor allem mit diesen Versen:

> Die Törichten! Sie haben nämlich keine schlauen und weitblickenden Gedanken,
> wenn sie erwarten, es könne etwas entstehen, was vorher nicht da war,
> oder es könne etwas sterben und vollständig zugrunde gehen.[34]

Denn das sind die Worte eines Menschen, der denen, die Ohren haben, laut zuruft, dass er die Entstehung als solche nicht beseitigt, sondern dass er die Entstehung aus dem Nichts bestreitet, und auch nicht die Zerstörung als solche, sondern nur die vollständige Zerstörung, das heißt die Zerstörung in das völlige Nichtsein. Denn jemandem, der seine Vorwürfe nicht so grob und nicht so töricht, sondern gelassener vorbringen will, würden die sich anschließenden Zeilen eine Handhabe für seine Gegenposition bieten. Hier sagt Empedokles:

> Kein Mensch, der über solche Dinge Bescheid weiß, kann darüber spekulieren,
> dass Menschen, solange sie am Leben sind (das nennen sie ›Lebenszeit‹),
> da sind (εἶναι) und mit ihnen Furchtbares und Gutes,
> dass aber, bevor sie als Sterbliche zusammengefügt und nachdem sie wieder aufgelöst wurden, nichts da ist.[35]

Denn das sind nicht die Worte eines Mannes, der bestreitet, dass Menschen da sind, die geboren wurden und leben, sondern vielmehr eines solchen, der glaubt, dass auch die noch nicht Geborenen und die schon Gestorbenen existieren.[36] Daran hat Kolotes zwar nichts auszusetzen, aber er behauptet, nach Empedokles könnten wir nicht einmal krank und verletzt werden. Aber wie kann jemand, der sagt, vor und nach dem Leben gebe es für jeden ›Furchtbares und Gutes‹, bestreiten, dass man im Leben Empfindungen hat? Wem ist es denn wirklich vergönnt, nicht verletzt zu werden und nicht krank zu werden, Kolotes? Nur ihr, die ihr aus Atomen und dem Leeren zusammengesetzt seid, seid unfähig, etwas zu empfinden! Das mag nicht so schlimm sein, aber schlimmer ist doch, dass es für euch nichts gibt, das euch Freude bereiten wird, weil eure Atome nichts zu bieten haben, was Freude verursachen kann, und das Leere nicht dafür empfänglich ist.

Parmenides macht das Leben unmöglich?

(13) Da Kolotes nach Demokrit auch Parmenides mitbegraben wollte – ich habe die entsprechenden Abschnitte zunächst übersprungen und mich vorher mit seinen Ausführungen über

Empedokles befasst, weil diese sich besser an die vorausgehenden Vorwürfe anschließen –, lasst uns jetzt auf Parmenides eingehen. Was die ›hässlichen Unterstellungen‹, wie Kolotes sagt, betrifft, so hat Parmenides den hohen Stellenwert der Freundschaft nicht geschmälert, die Vergnügungssucht nicht verstärkt, der Moral nicht ihre natürliche Schönheit und ihren Eigenwert geraubt und unseren Götterglauben nicht zerstört. Auch wenn er gesagt hat, das Universum sei ›eins‹, dann hat er uns keinesfalls daran gehindert zu leben. Denn auch Epikur, der behauptet, das Universum sei unendlich, nicht entstanden, nicht zerstörbar und nicht zu vergrößern oder zu verkleinern, sagt doch über das Universum, dass es ›eins‹ sei.
Am Anfang seiner Abhandlung[37] erklärt er aber auch, dass die Natur des Seienden aus Körpern und dem Leeren bestehe, und teilt gewissermaßen das Eine in zwei Teile, deren einer Teil tatsächlich nichts ist und von euch als ›unberührbar‹, ›leer‹ und ›körperlos‹ bezeichnet wird. Folglich ist auch für euch das Universum eins, wenn ihr nicht leere Worte über das Leere äußern und Schattenkämpfe mit den alten Philosophen ausfechten wollt.
Aber, beim Zeus, die Atome sind nach Epikur zahlenmäßig unendlich, und aus ihnen entsteht jeder einzelne Gegenstand. Sieh dir doch mal an, was das für Prinzipien sind, die ihr zugrunde legt: die Unendlichkeit und das Leere. Das Leere kann weder etwas bewirken noch erfährt es Einwirkungen und ist körperlos. Die Unendlichkeit der Atome ist ungeordnet, vernunftlos, unfähig, etwas zu begreifen, löst sich selbst auf und bringt sich selbst in Unordnung, weil sie in ihrer Ausdehnung nicht fassbar und begrenzt ist. Parmenides aber hat weder ›Feuer‹ noch ›Wasser‹ beseitigt noch einen ›Abgrund‹ noch ›bewohnte Städte in Europa und Asien‹, wie Kolotes behauptet. Denn er hat eine geordnete Welt (διάκοσμος) entworfen und das Helle und das Dunkle als Elemente gemischt und lässt

daraus und dadurch alle Erscheinungen entstehen. So hat er denn auch viel gesagt über die Erde, den Himmel, die Sonne, den Mond und die Sterne und über die Entstehung der Menschen. Und als ein Naturphilosoph der alten Zeit hat er, der eine eigenständige Abhandlung verfasst und nicht das Werk eines anderen geplündert hat, nichts Wichtiges ausgelassen. Da er aber noch früher als Platon und Sokrates sah, dass die Natur etwas ist, das nur Gegenstand von Vermutung (δόξα) und von Vernunft (νοῦς) ist, und dass alles, was Gegenstand der Vermutung ist, veränderlich ist, sich unter vielerlei Einwirkungen ruhelos bewegt und sich immer wieder wandelt, indem es sich verringert und vergrößert, sich bei dem einen anders verhält als bei dem anderen und noch nicht einmal immer von derselben Person gleichmäßig wahrgenommen wird, während hingegen der Gegenstand der Vernunft etwas ganz anderes ist, weil sie sich richtet auf

> etwas Vollständiges, Unbeeinflussbares und Ungewordenes,[38]

wie Parmenides selbst es ausgedrückt hat, das stets sich selbst gleich ist und unveränderlich bleibt in seinem Sein, macht Kolotes seine abfälligen Bemerkungen darüber und greift die Darstellung wegen der Ausdrucksweise, nicht der Sache nach, an und sagt, Parmenides fege einfach alles andere vom Tisch, indem er nur das Eine als seiend hinstelle. Parmenides beseitigt aber keinen der beiden Seinsbereiche, sondern überlässt beiden, was ihnen gehört, und ordnet der Vorstellung von dem Einen und dem Seienden alles zu, was in den Bereich der Vernunft gehört, und bezeichnet es als ›seiend‹, weil es ewig und unzerstörbar ist, und als ›eins‹, weil es sich selbst immer gleich bleibt und keine Veränderung zulässt, während er alles, was in den Bereich der sinnlichen Wahrnehmung gehört, der ungeordneten Bewegung zuweist. Man kann auch die Unterscheidungsmerkmale für diese beiden Bereiche erkennen:

> auf der einen Seite das unerschütterliche Herz der Wahrheit, die jeden mit ihrer Überzeugungskraft überredet (εὐπειθής),

das das Denkbare und ebenso alles, was sich immer gleich bleibt, berührt,

> auf der anderen Seite die menschlichen Meinungen, denen keine echte Gewissheit (πίστις) innewohnt,[39]

weil sie Gegenstände betreffen, die vielerlei Veränderungen, Zufällen und Unberechenbarkeiten ausgesetzt sind. Doch wie hätte er Wahrnehmung und Meinung zulassen können, wenn er keinen Gegenstand der Wahrnehmung und der Meinung zugelassen hätte? Dafür gibt es keine andere Begründung. Aber weil es nur dem wirklich Seienden zukommt, dauerhaft im Sein zu verbleiben, die sinnlich wahrnehmbaren Dinge aber bald da sind, bald ihre Natur, ihr So-Sein (φύσις) aufgeben und verändern, glaubte er, sie brauchten dafür eher eine andere Bezeichnung als die, die für jenes immer Seiende gilt. Seine Aussage, dass das Seiende eins sei, bedeutete demnach keine Ablehnung der Vielheit und der wahrnehmbaren Dinge, sondern nur eine Aufklärung (δήλωσις) darüber, dass sie sich von den Dingen unterscheiden, die nur dem Denken zugänglich sind. Indem Platon diesen Unterschied in seiner Abhandlung über die Ideen noch deutlicher zeigte, lieferte er Kolotes eine Angriffsfläche.

Ein falsch verstandener Platon

(14) Deshalb scheint es mir angebracht, als Nächstes auf Kolotes' Angriffe gegen Platon einzugehen. Hierzu wollen wir zuerst die Sorgfalt und die umfassende Bildung unseres Philosophen Kolotes betrachten, der behauptet, dass sich Aristoteles, Xenokrates, Theophrast und alle Peripatetiker[40] diesen Lehren Platons angeschlossen hätten. Wo in aller Welt hast du denn dein Werk geschrieben, dass du, als du diese Vorwürfe verfasstest, ihre Schriften gar nicht aufgeschlagen hast und die Werke des Aristoteles *Über den Himmel* und *Über die Seele*, Theophrasts *Erwiderungen auf die Naturphilosophen*, den *Zoroaster* des Herakleides,[41] sein Buch *Über die Unterwelt* und *Über die naturphilosophischen Fragen* und die Schriften des Dikaiarchos[42] *Über die Seele* nicht in die Hände nehmen konntest? In diesen Büchern sind die genannten Gelehrten bei den bedeutendsten und wichtigsten naturphilosophischen Thesen mit Platon nicht einverstanden und widersprechen ihm fortwährend. Straton, der prominenteste unter den weiteren Peripatetikern, ist in vielen Punkten mit Aristoteles nicht einer Meinung und hat Auffassungen über die Bewegung, über den Geist, über die Seele und über die Entstehung vertreten, die im Gegensatz zu Platon stehen. Schließlich sagt er, der Kosmos selbst sei kein Lebewesen und das, was im Sinne der Natur geschehe, unterliege dem Zufall. Denn den Anfang stoße der Zufall an, und so komme dann jeder einzelne natürliche Vorgang zu seinem Ziel. Die Ideen aber, für die Kolotes Platon aufs Korn nimmt, bringt schon Aristoteles überall ins Wanken und stellt sie in seinen ethischen und physikalischen Werken grundsätzlich in Frage, und in seinen für eine breitere Öffentlichkeit bestimmten Dialogen schien er einigen Leuten eher streitsüchtig als ernsthaft philosophisch mit dieser Lehre umzugehen, als ob er ganz versessen darauf gewesen wäre, Platons Philosophie zu untergraben. So weit war er davon entfernt, ihm zu folgen! Wie leicht-

fertig ist es, wenn jemand, ohne die Lehren der Philosophen zu kennen, ihnen Meinungen zuschreibt, die diese gar nicht vertreten, und überzeugt davon ist, andere damit widerlegen zu können, tatsächlich aber seine eigene Unwissenheit und Unverschämtheit beweist, indem er behauptet, dass Männer mit Platon übereinstimmten, die sich in Wirklichkeit mit ihm streiten, und andere ihm angeblich folgten, die ihm widersprechen!

(15) ›Aber Platon sagt doch, dass es unsinnig sei, wenn wir die tatsächlichen Pferde für Pferde und die tatsächlichen Menschen für Menschen halten.‹ An welcher Stelle seiner Schriften sollte Platon denn diese Bemerkung für Kolotes versteckt haben? Wir jedenfalls lesen überall, dass er den Menschen als Menschen, das Pferd als Pferd und das Feuer als Feuer betrachtet. In diesem Sinne bezeichnet er jedes gerade Genannte als ein ›Objekt der Vermutung‹. Kolotes aber ist vom Gipfel der Weisheit nicht weit entfernt, wenn er das ›der Mensch ist nicht da‹ und das ›der Mensch ist kein seiendes Wesen‹ für ein und dasselbe hält. Für Platon aber besteht ein sehr großer Unterschied zwischen dem ›Nicht sein‹ und dem ›Nicht seiend sein‹. Denn mit dem Ersten wird nach Platon jede Art von Sein ausgeschlossen, mit dem Zweiten wird erklärt, dass das, woran etwas teilhat, etwas völlig anderes ist als das, was daran teilhat.[43] Die späteren Philosophen allerdings bezogen diese Andersartigkeit nur auf den Unterschied zwischen Gattung (γένος) und Einzelerscheinung (εἶδος) oder zwischen allgemeinen und individuellen Eigenschaften.

Aber weiter sind sie nicht gegangen, da sie auf schwierigere dialektische Probleme stießen. Es besteht aber dasselbe Verhältnis zwischen dem, woran man Anteil hat (μεθεκτόν; *Objekt* der Teilhabe) und dem, was daran Anteil hat (μετέχον; *Subjekt* der Teilhabe),[44] wie zwischen Ursache (αἰτία) und Stoff (ὕλη), Vorbild (παράδειγμα) und Abbild (εἰκών), Kraft (δύναμις)

und Wirkung (πάθος). Vor allem darauf beruht der Unterschied zwischen dem unabhängig und unveränderlich Seienden und dem, was durch etwas anderes verursacht ist und niemals sich gleich bleibt. Jenes wird weder jemals ein Nichtseiendes sein noch ist es jemals entstanden und ist deshalb ganz und gar und wirklich ein Seiendes, da dieses aber sein Sein von einem anderen bekommen hat, besitzt es keine dauerhafte Existenz, sondern ist zu schwach, um diese zu bewahren, weil der Stoff seine Form immer wieder verliert und auf das Abbild des Seins viele Einflüsse und verändernde Einwirkungen zulässt, die Bewegung und Instabilität verursachen.
Wer sagt, dass Platons Bild nicht Platon selbst ist, verneint dennoch nicht die Wahrnehmung und das Vorhandensein des Bildes an sich, sondern unterscheidet zwischen einem absolut Seienden und einem anderen, das im Blick auf jenes geschaffen wurde. So beseitigt man weder das Wesen noch die Wirksamkeit noch die Wahrnehmung der Menschen, wenn man von jedem Einzelnen von uns sagt, er sei durch Teilhabe an irgendeinem gemeinsamen Sein und irgendeiner Idee als ein Abbild dessen entstanden, dem wir durch unsere Entstehung ähnlich sind. Denn auch wer sagt, dass glühendes Eisen kein Feuer oder Mondschein kein Sonnenlicht sei, sondern wie Parmenides es ausdrückt,

> ein in der Nacht scheinendes und um die Erde herumirrendes fremdes Licht,[45]

hebt nicht den Nutzen des Eisens und die Natur des Mondes auf. Erst wenn er bestreiten würde, dass der Mond kein Körper ist und nicht beleuchtet wird, gerät er in Konflikt mit der sinnlichen Wahrnehmung; wie derjenige, der weder einen Körper noch ein Lebewesen noch Entstehung oder Wahrnehmung gelten ließe. Wer aber behauptet, dass diese Dinge nur aufgrund der Teilhabe (am Seienden) existieren, und nicht bedenkt, wie weit diese Dinge von dem immer Seienden entfernt sind, das auch das Sein ermöglicht, übersieht nicht das Wahrnehmbare, sondern blickt über das Wahrnehmbare hinaus auf das Denkbare, leugnet aber auch nicht die Welt des Werdenden und der Erscheinungen im Zusammenhang mit den Vorgängen, die uns Menschen betreffen. Aber er zeigt denen, die ihm folgen können, dass es noch andere Dinge gibt, die hinsichtlich ihres Seins beständiger und dauerhafter sind, weil sie weder entstehen noch vergehen noch irgendwelchen Einwirkungen ausgesetzt sind, und er lehrt sie dadurch, dass er den Unterschied begrifflich klarer erfasst, das Seiende und das Werdende korrekt zu benennen. So haben es auch die neueren Philosophen gehalten.[46] Denn viele wichtige Dinge wollen sie nicht als seiend bezeichnen: das Leere, die Zeit, den Raum, überhaupt die Gattung der formalen Begriffe,[47] die Gattung nämlich, die auch alles Wirkliche umfasst. Denn sie sind der Ansicht, dass sie doch ›etwas‹ sind, obwohl sie nichts ›Seiendes‹ sind, und sie hören nicht auf damit, diese im täglichen Leben und in der philosophischen Diskussion als gegeben und vorhanden zu gebrauchen.

(16) Doch ich würde gern den Ankläger selbst fragen, ob denn seine Schule in ihrem System diesen Unterschied nicht berücksichtigt; denn ihm zufolge sind doch einige Dinge in ihrem Wesen dauerhaft und unveränderlich (was ihrer Meinung nach auf die Atome zutrifft, die aufgrund ihrer Unempfindlichkeit und Festigkeit für immer gleich bleiben), alle Verbindungen sind dagegen fließend und veränderlich, sie entstehen und vergehen: Denn ununterbrochen verschwinden unzählige Bilder wieder; und selbstverständlich fließen aus der Umgebung ebenfalls zahllose Bilder wieder zu und füllen die Gesamtmenge immer wieder auf, die sich aufgrund dieses Wechsels ständig verändert und neu mischt. Denn sogar die im Innersten

der Verbindung befindlichen Atome können niemals aufhören, sich zu bewegen und sich gegenseitig in Schwingung zu bringen, wie die Epikureer selbst sagen.
Es trifft also zu, dass es in der Welt einen solchen Unterschied unter den Arten des Seins gibt. Aber erweist sich Epikur etwa im Vergleich zu Platon als der bessere Philosoph, insofern er alles gleichermaßen als ›seiend‹ bezeichnet, das ungreifbar Leere ebenso wie die festen Körper, die Elemente ebenso wie die Verbindungen? Denn er denkt, dass beides an ein und demselben Sein Anteil hat: das Ewige ebenso wie das Entstehende, das Unzerstörbare wie das Zerstörbare, die unempfindlichen, dauerhaften, unveränderlichen Gegebenheiten, die niemals ihr Sein verlieren können, wie diejenigen, deren Sein auf Empfindung und Veränderung beruht und die sich keinen Augenblick lang gleich bleiben. Wenn sich Platon aber genau in diesem Punkt ganz und gar geirrt hätte, dann sollte er sich doch für die Begriffsverwirrung bei denjenigen rechtfertigen dürfen, die die griechische Sprache besser beherrschen und sich klarer ausdrücken.[48] Aber man darf ihm nicht vorhalten, er leugne die realen Dinge und verjage uns aus dem Leben, weil er das Werdende als Werdendes und Nichtseiendes bezeichnet und nicht wie die Epikureer als Seiendes.

Sokrates – ein Opfer der Böswilligkeit
(17) Da wir aber nun Sokrates nach Parmenides übersprungen haben, müssen wir jetzt über ihn sprechen. Gleich am Anfang setzte Kolotes alles auf eine Karte: Nachdem er auf den Orakelspruch hingewiesen hatte, den Chairephon über Sokrates aus Delphi mitgebracht hatte,[49] wie wir alle wissen, fügte er noch Folgendes hinzu: ›Auf die Maßnahme des Chairephon werden wir nicht eingehen, weil es sich um nichts anderes handelt als um eine durch und durch spitzfindige und wenig geschmackvolle Geschichte.‹ Es war also einfach nur unfein

von Platon, um die anderen unerwähnt zu lassen, dass er diesen Orakelspruch zitierte. Noch plumper war es aber, dass die Lakedaimonier den Orakelspruch über Lykurg in ihren ältesten Aufzeichnungen festhielten. Genauso irreführend ist auch die Geschichte des Themistokles, mit der er die Athener dazu überredete, die Stadt zu verlassen, und den Seesieg über die Perser erfocht. Wiederum wenig geschmackvoll war es, dass die griechischen Gesetzgeber die größten und wichtigsten religiösen Feste auf Anweisung des Orakels einrichteten. Wenn also der Orakelspruch über Sokrates, einen begeisterten Kämpfer für die Tugend, der auf diese Weise zu einem weisen Mann erklärt wurde, plump und spitzfindig war, mit welchem Wort sollen wir dann euer Lärmen und Jubeln angemessen bezeichnen, ferner euer Klatschen, eure Anbetungen und eure Vergöttlichungen, mit denen ihr euch an Epikur wendet und ihn hymnisch preist, der euch zu unablässigem und ständig wiederkehrendem Genuss auffordert? Einen Mann, der in seinem Brief an Anaxarchos[50] Folgendes geschrieben hat:

> Ich fordere dich zu ununterbrochenem Streben nach Lust auf und nicht zur Verwirklichung von Tugenden, die uns nur mit leeren, vergeblichen und Unruhe weckenden Hoffnungen auf Belohnung erfüllen.[51]

⟨Wie sollen wir einen solchen Mann nennen?⟩ Und auch Metrodoros[52] wendet sich doch mit folgenden Worten an Timarchos:[53]

> Wir wollen Gutes auf Gutes häufen, uns in die gleichen Empfindungen versenken und uns aus den Niederungen des täglichen Lebens erheben, um in die wirklich göttlichen Geheimnisse Epikurs einzudringen.

Kolotes selbst[54] warf sich einmal ganz unvermittelt Epikur zu Füßen, als er ihn über ein naturphilosophisches Thema sprechen hörte, und umfasste seine Knie. Epikur selbst schrieb darüber in feierlichem Stolz:

> Weil du nämlich unsere damaligen Worte mit großer Ehrfurcht vernahmst, überkam dich der an sich unnatürliche Wunsch, unsere Knie zu berühren und uns ganz so zu umarmen, wie es gewöhnlich geschieht, wenn man jemanden hoch verehrt und gar anbetet. Dadurch hast du erreicht, dass auch wir dich vergötterten und verehrten.[55]

Ganz gewiss muss man denen verzeihen, die sagen, sie würden jeden Preis bezahlen, um ein Bild dieser Szene zu sehen, in der der eine jemandem zu Füßen fällt und seine Knie umschlingt und der andere diese Hochachtung und Wertschätzung zurückgibt. Obwohl Kolotes diese Verehrung mit aller Kunstfertigkeit zum Ausdruck brachte, trug sie ihm keinen entsprechenden Gewinn ein. Denn er wurde nicht zum Weisen ernannt, sondern Epikur sagte nur: ›Gehe hin als jemand, der mir unvergänglich ist, und sieh auch uns als unvergänglich an.‹[56] (18) Obwohl sie sich solcher Worte, Gesten und Erlebnisse bewusst sind, charakterisieren sie das Verhalten anderer Menschen als unedel und plump!

Nachdem Kolotos diese so weisen und wertvollen Erkenntnisse über die Sinneswahrnehmungen von sich gegeben hatte, dass wir Brot und kein Heu essen und die Flüsse, wenn sie tief sind, mit Booten überqueren, wenn sie aber leicht zu überqueren sind, zu Fuß durchwaten, gab er noch Folgendes zum Besten: ›Du hast doch wirklich mächtig angegeben, Sokrates; denn in deinen Gesprächen mit den Leuten hast du zwar große Reden geschwungen, aber in deinen Taten nichts davon verwirklicht.‹ Denn wie sollten die Worte des Sokrates nicht angeberisch sein, wenn er behauptet, nichts zu wissen, sondern immer nur zu lernen und nach der Wahrheit zu suchen? Aber wenn du, Kolotes, solche Worte von Sokrates gehört hättest, wie Epikur sie an Idomeneus schreibt:

> Schicke uns also Erstlinge[57] für die Pflege meines heiligen Leibes – um deiner selbst und deiner Kinder willen; es überkommt mich nämlich, so zu reden,[58]

hättest du dann noch geschmacklosere Worte finden können? Dass aber Sokrates' Worte und Taten nicht immer übereinstimmten, beweist dir glänzend sein Verhalten bei Delion,[59] bei Potideia,[60] gegenüber den Dreißig,[61] gegenüber Archelaos,[62] vor der athenischen Volksversammlung[63] und außerdem noch seine Armut und sein Tod. Denn das sind doch zweifellos Taten des Sokrates, die seinen Worten nun gar nicht entsprechen! Ja, du seltsamer Kerl, in Wirklichkeit wäre es ein schlagender Beweis dafür, dass das Handeln des Sokrates mit seinen Worten nicht übereinstimmte, wenn er das lustvolle Leben zum Ziel erklärt und so gelebt hätte, wie er es wirklich getan hat!

(19) So viel also zu den Verleumdungen, die Kolotes in die Welt gesetzt hat. Er hat aber nicht gemerkt, dass seine Vorwürfe, die sich auf die Überzeugung von der Zuverlässigkeit der Wahrnehmung beziehen, ihn selbst treffen. Denn eine der Lehren Epikurs lautet: ›Niemand hat unumstößliche Überzeugungen außer dem Weisen.‹ Da also Kolotes kein Weiser war, auch nicht nach den genannten Gesten der Verehrung, soll er zuerst gefragt werden, wieso er Brot und kein Heu isst, obwohl er doch eine solche Nahrung zu sich nehmen könnte, und warum er sich selbst den Mantel anzieht und nicht der Marmorsäule, da er doch nicht zweifelsfrei davon überzeugt ist, dass der Mantel ein Mantel und das Brot auch wirklich Brot ist. Wenn er dies aber tut und auch die Flüsse zu Fuß überquert, wenn sie nicht tief sind,

ferner sich vor den Schlangen und den Wölfen in Acht nimmt, da er doch nicht zweifelsfrei überzeugt davon ist, dass diese Wesen wirklich das sind, was sie zu sein scheinen, sondern bei allem, was er tut, sich vom Schein leiten lässt, dann konnte doch wohl auch die Meinung, die Sokrates über die sinnlichen Wahrnehmungen vertrat, ihn nicht daran hindern, mit den Erscheinungen in gleicher Weise umzugehen. Denn für Kolotes schien das Brot kein Brot und das Heu kein Heu zu sein, weil er das Geschenk des Himmels, die *Maßgebenden Sätze* (*Kanones*) Epikurs, gelesen hatte, während Sokrates aus reiner Angeberei mit dem Gedanken spielte, Brot sei Heu und Heu sei Brot.
Diese weisen Epikureer verfügen wirklich über bessere Lehrmeinungen und Begründungen als wir! Die sinnlichen Wahrnehmungen aber und die Aufnahme von Eindrücken, die man von den Erscheinungen gewinnt, sind das Ergebnis einer allgemeinen Empfindung, die nicht auf den Verstand zurückzuführen ist. Die Schlussfolgerung, dass also die sinnlichen Wahrnehmungen nicht genau und zuverlässig sind, schließt nicht aus, dass für uns jeder Gegenstand ein bestimmtes Erscheinungsbild hat, doch sie ermöglicht es uns, unsere Wahrnehmungen im Sinne dieses Erscheinungsbildes für unsere Handlungen zu nutzen, erlaubt uns aber nicht, ihnen so zu vertrauen, als ob sie vollständig wahr und zweifelsfrei wären. Denn es reicht aus, die notwendigen und unbedingt erforderlichen Informationen von den Wahrnehmungsorganen zu bekommen, weil es sonst nichts Besseres gibt. Das Wissen und die Erkenntnis, die der philosophische Geist über jedes Phänomen zu erhalten wünscht, können sie uns aber nicht verschaffen.
(20) Kolotes wird wiederum Anlass geben, darüber zu sprechen; denn er hat dies vielen vorgeworfen. Wenn er in diesem Zusammenhang Sokrates besonders heftig auslacht und verhöhnt, weil dieser die Frage stellte, was ein Mensch sei, und in jugendlichem Übermut erklärte, er wisse es selbst nicht, dann

ist klar, dass er, Kolotes, sich nie mit dieser Frage ernstlich beschäftigt hat.
Heraklit dagegen sagte in dem Bewusstsein, einen großartigen und wichtigen Schritt getan zu haben: ›Ich habe mich selbst gesucht‹,[64] und der Spruch ›Erkenne dich selbst‹ war doch wohl der göttlichste aller delphischen Sprüche, der dann auch noch Sokrates den Anstoß zu seinem Fragen und Suchen gab, wie Aristoteles in seinen *Platonischen Untersuchungen*[65] erklärte. Kolotes hingegen hält dies anscheinend für lächerlich. Warum lacht er dann aber nicht auch über seinen großen Mentor (καθηγεμών), der genau dasselbe tat, sooft er etwas über das Wesen der Seele und den Beginn der Verbindung von Körper und Seele schrieb und darüber auch Gespräche führte? Denn wenn der Mensch, wie sie selbst behaupten, aus beidem, aus einem solchen Körper und einer Seele, besteht, dann erforscht derjenige, der das Wesen der Seele erforscht, auch das Wesen des Menschen, indem er von einem höheren Punkt ausgeht. Dass aber die Seele für den Verstand schwer zu begreifen ist und sich der sinnlichen Wahrnehmung entzieht, wollen wir nicht von Sokrates, dem ›Sophisten und Angeber‹, sondern von diesen weisen Männern erfahren, die bis zu den auf das Fleisch wirkenden Kräften der Seele gelangen, mit denen diese dem Körper Wärme, Gefühl und Spannung verleiht und mit denen diese ihre Substanz aus irgendetwas Warmem, Hauchartigem und Luftartigem zusammenfügt, dann aber auf dem Weg zum Höchsten aufgibt. Denn das, womit die Seele urteilt, sich erinnert, liebt und hasst und wodurch überhaupt ihre ganze Denk- und Urteilskraft entsteht, ergibt sich aus einer Eigenschaft, die nicht zu benennen ist. Wie wir wissen, ist dieses Reden von einem Unbenennbaren das Eingeständnis eines Unwissens, für das man sich schämt: Diese Leute behaupten, sie seien nicht in der Lage, etwas zu benennen, was sie in Wirklichkeit nicht verstehen können. Aber auch dies ›soll verziehen werden‹, wie

sie sagen. Denn die Sache ist offensichtlich nicht unbedeutend, nicht leicht zu verstehen und nicht jedem zugänglich, sondern befindet sich gut getarnt an einem unzugänglichen Ort und ist raffiniert versteckt, wenn sich für sie unter so vielen Ausdrucksmöglichkeiten kein geeigneter Name findet. Also ist nicht Sokrates ein Narr, wenn er sich die Frage stellt, wer er eigentlich sei, sondern all diejenigen, denen es wichtiger ist, alles andere eher zu suchen als das, was so schwer zu finden ist, obwohl doch seine Entdeckung dringend erforderlich ist. Denn niemand kann doch wohl damit rechnen, etwas anderes zu verstehen, wenn es ihm nicht gelänge, das Wichtigste von allem, was ihn selbst unmittelbar betrifft, zu erfassen.

(21) Doch selbst wenn wir Kolotes einräumten, dass nichts so sinnlos und wenig feinsinnig sei wie die Suche nach sich selbst, wollen wir dennoch fragen, was eigentlich diese Lebenskrise bedeutet oder wie es kommt, dass ein Mann sein Leben unerträglich findet, wenn er dann und wann über sich selbst nachdenkt und sich fragt: ›Wer bin ich denn nun eigentlich? Bin ich eine Mischung, eine Kombination aus Seele und Körper, oder benutzt vielmehr die Seele den Körper, wie ein Reiter sein Pferd, wobei aber Pferd und Reiter keine Einheit darstellen? Oder ist jeder von uns Menschen identisch mit der höchsten seelischen Kraft, mit der wir denken, Berechnungen anstellen und handeln? Und sind die übrigen Teile der Seele und des Körpers Werkzeuge dieser höchsten seelischen Kraft? Oder hat die Seele überhaupt keine eigene Existenz, und besitzt der Körper nur aufgrund seiner Mischung die Fähigkeit zu denken und zu leben?‹ Mit diesen Fragen, die alle Naturphilosophen stellen, nimmt Sokrates dem Leben nicht die Grundlage; es waren vielmehr jene furchtbaren und alles verwirrenden Bilder im *Phaidros*,[66] die Sokrates auf den Gedanken brachten, sich selbst erforschen und fragen zu müssen, ob er ein Ungeheuer sei, das verschlungener sei und sich mächtiger aufblähe

als Typhon,[67] oder ob er von Natur aus ein Stück weit den Göttern gleiche und frei sei von Aufgeblasenheit.[68] Aber mit diesen Überlegungen machte er doch das Leben nicht unmöglich, sondern versuchte, den Wahnsinn, die Aufgeblasenheit, die widerlichen und hochtrabenden Einbildungen und überheblichen Vorstellungen aus dem Leben zu vertreiben. Denn das ist euer Typhon,[69] den euer Schulhaupt mit seinem Kampf gegen Götter und Menschen tief in euch eingepflanzt hat!

Stilpons Spielchen mit der Kopula »ist«

(22) Nach Sokrates und Platon polemisiert er gegen Stilpon.[70] Allerdings ging er auf die tatsächlichen Lehren und Gedanken nicht ein, die ihm selbst, seiner Vaterstadt, seinen Freunden und den Königen, die ihn besonders schätzten,[71] Anerkennung brachten. Ebenso wenig erwähnte Kolotes Stilpons vornehme Gesinnung, die mit Freundlichkeit und Ausgeglichenheit verbunden war; aber er griff eine der Denkaufgaben auf, die Stilpon den Sophisten scherzhaft und lachend vorzulegen pflegte, sagte aber nichts Vernünftiges dazu und widerlegte auch nicht ihre Glaubwürdigkeit, sondern überfiel Stilpon mit bühnenreifen Vorwürfen. Er behauptete, das Leben werde von Stilpon vernichtet, wenn er behaupte, das eine könne nicht von einem anderen ausgesagt werden.[72] ›Denn wie werden wir leben können, wenn wir nicht sagen dürfen, dass ein Mensch gut oder ein Mensch ein Feldherr ist, sondern dass ein Mensch nur ein Mensch und gut nur gut und ein Feldherr nur ein Feldherr ist; und auch nicht dass Reiter zehntausend sind und eine Stadt befestigt ist, sondern dass Reiter nur Reiter sind, zehntausend nur zehntausend ist und so weiter?‹ Wessen Leben hat sich durch diese Gedanken verschlechtert? Wer hat diesen Gedanken gehört und nicht verstanden, dass es sich um den Gedanken eines anmutig Scherzenden handelt oder um eine dialektische Denkübung, die er anderen anbot? Es ist nicht ge-

fährlich, einen Menschen nicht gut zu nennen und nicht von zehntausend Reitern sprechen zu können – aber Gott nicht Gott zu nennen und nicht an ihn zu glauben, wie ihr es tut, wenn ihr nicht zugeben wollt, dass Zeus der Schöpfer, Demeter die Gesetzgeberin oder Poseidon der Fruchtbringer ist. Diese Trennung der Begriffe ist schlimm und erfüllt das Leben mit gottloser Verachtung und Respektlosigkeit. Denn wenn ihr den Göttern die ihnen zukommenden Namen fortnehmt, vernichtet ihr zugleich die Opferhandlungen, die Mysterien, die Prozessionen und Feste. Wem werden wir die ›Opfer vor der Zeit des Pflügens‹, wem die ›Opfer für eine Rettung‹ darbringen? Wie werden wir noch Fackelträgerfeste, Feiern zu Ehren des Bakchos[73] oder Zeremonien vor einer Hochzeit durchführen, wenn wir keine Hochzeitsgöttin, keine Begleiter des Bakchos, keine Fackelträger, keine Beschützer des Ackers und keine Lebensretter mehr haben? Denn dies alles hat doch mit den wichtigsten und größten Dingen zu tun, und dieser Fehler wirkt sich auf die Wirklichkeit selbst aus, nicht auf das Aussprechen von irgendwelchen Dingen, auf die Verbindung von Satzteilen und auf den gewöhnlichen Wortgebrauch. Und wenn tatsächlich diese sprachliche Unsicherheit das Leben durcheinanderbringt – wer missbraucht denn die Sprache mehr als ihr Epikureer, indem ihr die Gattung der formalen Begriffe,[74] die der Rede den Bezug zur Wirklichkeit verleihen, vollständig beseitigt und nur noch die reinen Wörter und die außersprachlichen Gegenstände übrig lasst und behauptet, dass die zwischen den Wörtern und den außersprachlichen Gegenständen mitklingenden Bedeutungen (Konnotationen), durch die Lernprozesse, Lehrvorgänge, Vorstellungen, Gedanken, Motive und Entschlüsse erst möglich werden, überhaupt nicht existieren?

(23) Aber dennoch ist dies Stilpons Standpunkt: Wenn wir von einem Menschen sagen, er ›sei gut‹, oder von einem Pferd, ›es laufe‹, so ist das Aussagende (das Prädikat) nicht identisch mit

dem, worüber es ausgesagt wird (das Subjekt), wie er sagt, sondern es sei eines, eine Wesensaussage über den Menschen, und ein anderes, eine Wesensaussage über das Gute zu treffen. Und ebenso unterschieden sich die Wesensaussage über ein Pferd und über das Laufen. Wenn wir nämlich um eine Definition gebeten werden, geben wir nicht dieselbe für beide. Daher begehen diejenigen einen Fehler, die das eine von dem anderen aussagen, als ob beides identisch wäre. Denn wenn ›gut‹ dasselbe ist wie ›Mensch‹ und ›Laufen‹ dasselbe wie ›Pferd‹, wie können wir dann ›gut‹ auch von einem Brot und einem Heilmittel und – beim Zeus – ›Laufen‹ von einem Löwen und einem Hund aussagen? Wenn sie aber verschieden voneinander sind, dann sagen wir zu Unrecht, ein Mensch sei gut und ein Pferd laufe.[75] Selbst wenn sich auch Stilpon in dieser Hinsicht heftig irrt, indem er gar keine Verbindung zwischen der Bedeutung des Subjekts und der Aussage des Prädikats zulässt, sondern annimmt, dass etwas, wenn es nicht völlig identisch ist mit dem Subjekt, auch nicht als seine gelegentlich vorhandene oder okkasionelle Eigenschaft ausgesagt werden darf, so ist doch klar, dass er nur an gewissen Formulierungen Anstoß nimmt und sich gegen den üblichen Sprachgebrauch wendet und nicht das Leben als solches oder die Wirklichkeit aufhebt.

Kritik an den skeptischen Zeitgenossen

(24) Nach seiner Auseinandersetzung mit den Alten wendet sich Kolotes den Philosophen seiner eigenen Zeit zu,[76] ohne jedoch Namen zu nennen, obwohl es richtig gewesen wäre, diese ebenfalls namentlich zu widerlegen oder dies auch nicht bei den Alten zu tun. Aber obwohl er so oft die Namen eines Sokrates, eines Platon und eines Parmenides aus seiner Feder fließen ließ, hat er offensichtlich Angst vor den Lebenden. Denn er mäßigte sich nicht, weil er Respekt hatte, den er doch auch den Größeren nicht entgegenbrachte. Ich vermute, er

wollte zuerst die Kyrenaïker[77] angreifen, dann die Akademie des Arkesilaos.[78] Die Akademiker waren es, die sich mit jedem Urteil zurückhielten, und weil die Kyrenaïker alle Empfindungen und Eindrücke nur auf sich selbst bezogen, meinten sie, diese seien nicht zuverlässig genug, um sichere Urteile über die Dinge zu erlauben. Sie zogen sich, als ob sie belagert würden, von der Außenwelt zurück und schlossen sich in ihre Empfindungen ein, indem sie über die Außendinge nur den Satz ›es scheint‹ zuließen und ein ›es ist‹ ausschlossen.
Darum, so sagt Kolotes, seien sie unfähig zu leben und mit den Gegebenheiten umzugehen. Darauf will er sie lächerlich machen und sagt: ›Diese Leute behaupten, es gebe keinen Menschen, kein Pferd und keine Mauer, sondern sie selbst verwandeln sich in Mauern, Pferde und Menschen.‹[79] Zunächst verdreht er spitzfindig und bösartig einfach nur die Wörter. Denn das ergibt sich ganz gewiss aus den Grundsätzen der Epikureer; aber er musste den Vorgang erklären, wie es ihrer Lehre entspricht. Denn es heißt bei ihnen, dass man ›süß‹, ›bitter‹, ›kalt‹, ›warm‹, ›hell‹ und ›dunkel‹ werde, sofern man jede dieser Empfindungen auf ihre spezifische Weise wahrnehme. Ob aber der Honig süß, der grüne Zweig der Olive bitter, der Hagel kalt, der ungemischte Wein warm, die Sonne hell, die Luft in der Nacht dunkel sei, werde von vielen Tieren, Pflanzen und auch Menschen ganz unterschiedlich empfunden. Denn manche verabscheuen den Honig, manche mögen den grünen Zweig der Olive, manche werden vom Hagel versengt, manche vom Wein gekühlt, manche können bei Sonnenlicht nicht richtig sehen, manche sehen bei Nacht besonders gut. Daher ist das Urteil nur dann fehlerfrei, wenn es auf den unmittelbaren Empfindungen beruht. Wenn es aber darüber hinausgeht und sich auf andere Bereiche bezieht, indem es sich auf Entscheidungen und Aussagen über äußere Dinge einlässt, verunsichert es sich oft selbst und gerät in Konflikt mit anderen, die

von denselben Vorgängen entgegengesetzte Empfindungen und andersartige Wahrnehmungen vermittelt bekommen.
(25) Kolotes befindet sich anscheinend in derselben Situation wie die Kinder, die gerade erst schreiben lernen und die Buchstaben auf ihren Schreibtafeln normalerweise richtig lesen, wenn sie sie aber nicht auf ihrer Tafel, sondern anderswo geschrieben sehen, sind sie verunsichert und verwirrt. So passiert es auch Kolotes: Er bewundert und verehrt Epikurs Gedanken, wenn er sie in dessen Schriften direkt liest, versteht und erkennt sie aber nicht wieder, wenn er sie von anderen zitiert sieht. Denn wenn uns ein Gegenstand rund vorkommt und ein anderer gekrümmt, behaupten die Leute, der Eindruck sei durch die Sinne richtig wahrgenommen worden, sie weigern sich aber, außerdem noch zu behaupten, der Turm sei wirklich rund oder das Ruder gekrümmt. Ihre Empfindungen und Eindrücke erklären sie zwar für zutreffend, wollen aber nicht einräumen, dass die Objekte der Wahrnehmung damit übereinstimmen, sondern wie die Kyrenaïker von der Verwandlung in ein Pferd und in eine Mauer sprechen müssen, nicht aber von einem Pferd und einer Mauer, so müssen also auch die Epikureer sagen, das Auge werde rund und gekrümmt, aber das Ruder und der Turm seien nicht gekrümmt und rund. Denn das Bild, von dem das Auge affiziert wird, ist gekrümmt, das Ruder aber, von dem das Bild herkommt, ist nicht gekrümmt. Da sich also die Wirkung auf das Auge von dem Objekt der Wahrnehmung unterscheidet, muss die Zuverlässigkeit der Wirkung entweder anerkannt oder bestritten werden, wenn sie zum Schein auch noch das Sein beansprucht.
Wenn die Epikureer nun lautstark zugunsten der Wahrnehmung protestieren, die Sinneswahrnehmung vermittle nicht, dass das Objekt als solches zum Beispiel warm sei, sondern man nur den Eindruck habe, dass es so sei, dann stellt sich folgende Frage: Trifft dasselbe nicht auch auf den Geschmack

zu, der nicht vermittelt, dass das Objekt süß ist, sondern dass es sich nur um einen Eindruck und eine entsprechende Bewegung beim Schmecken handelt? Warum sieht sich jemand überhaupt dazu veranlasst zu sagen, er habe einen Eindruck von einer menschlichen Gestalt, ob es sich aber wirklich um einen Menschen handele, nehme er nicht wahr? Woher hat der denn überhaupt solche Sprüche? Nicht von denen, die behaupten, einen Eindruck (φαντασία) von einer Krümmung zu bekommen, ob aber das Objekt tatsächlich krumm oder rund sei, bestätige der Gesichtssinn (ὄψις) nicht, bei dem eben nur die Erscheinung (φάντασμα) oder der Eindruck (τύπωμα) des Runden angekommen sei?
›Ja, beim Zeus‹, wird jemand sagen, ›wenn ich an den Turm herangetreten bin und das Ruder in die Hand genommen habe, werde ich eindeutig erklären, dass das Ruder gerade und der Turm mehreckig ist. Aber der Kyrenaïker wird, auch wenn er nahe herangetreten ist, nur zugeben, dass es ihm so zu sein scheint und sich ihm so darstellt.‹ Selbstverständlich, mein Bester, denn besser als du sieht er, was sich daraus ergibt, und besteht auch darauf, dass jede einzelne Erscheinung für sich allein – aber nicht noch für etwas anderes – gleichermaßen zuverlässig ist (ἀξιόπιστον), doch alle Erscheinungen denselben Wert haben. Deine Auffassung aber, dass alle Erscheinungen wahr seien und keine unglaubwürdig und falsch sei, hat ihre Grundlage verloren, wenn du glaubst, außer über diese auch über die Wahrnehmungsobjekte selbst etwas sagen zu müssen, aber jene Erscheinungen nur für zuverlässig hieltst, wenn du entsprechende Empfindungen hattest. Denn wenn alle Erscheinungen gleichermaßen zuverlässig sind, ob sie sich nun ganz in der Nähe der Wahrnehmungsobjekte oder weit entfernt davon befinden, dann ist es nur gerecht, allen Erscheinungen die Existenz entweder zuzubilligen oder zu verweigern. Gibt es aber einen Unterschied in der Empfindung, ob man nun von dem

Gegenstand entfernt ist oder sich in nächster Nähe befindet, dann ist die Annahme falsch, dass keine Vorstellung und keine Wahrnehmung klarer ist als die andere. Demnach haben auch die ›bestätigenden Zeugnisse‹ und die ›widerlegenden Zeugnisse‹, wie sie sie nennen, keine Bedeutung für die sinnliche Wahrnehmung selbst (αἴσθησις), sondern nur für die Beurteilung der Wahrnehmung (δόξα). Wenn sie sich demnach diesen anschließen und verlangen, eine Aussage über die Außendinge zu machen, indem sie das ›Sein‹ der Entscheidung des Urteils und die ›Erscheinung‹ der sinnlichen Wahrnehmung unterwerfen, trennen sie die Entscheidung vom absolut Wahren und überlassen sie der Wahrnehmung, die sich oft irrt. (26) Doch warum muss ich mich im Augenblick mit diesen Dingen befassen, die verworren und voller innerer Widersprüche sind? Über den Ruhm des Arkesilaos, der unter den Philosophen der damaligen Zeit besonders beliebt war, hat sich Epikur anscheinend mächtig geärgert. Denn Kolotes behauptet, Arkesilaos bringe nichts Eigenes zustande, erwecke aber bei gebildeten Laien den Eindruck und die Vermutung, dies zu tun, da er sehr belesen und besonders gebildet war. Aber Arkesilaos war so weit davon entfernt, irgendeine Anerkennung für neue Gedanken zu ernten oder etwas von den Alten für sich zu beanspruchen, dass die damaligen Sophisten ihm sogar vorwarfen, er führe seine Lehren von der Zurückhaltung (ἐποχή) und von der Unmöglichkeit des sicheren Begreifens (ἀκαταληψία) auf Sokrates, Platon, Parmenides und Heraklit zurück, die diese aber gar nicht brauchten; vielmehr führte er sie auf berühmte Männer zurück, um ihnen gewissermaßen eine höhere Autorität zu verleihen. Dafür sei Dank an Kolotes und an jeden, der zeigt, dass die akademische Lehre von ihren Anfängen bis zu Arkesilaos wirksam blieb! Die (skeptische) ›Zurückhaltung‹ in allen Dingen konnten nicht einmal diejenigen erschüttern, die sich intensiv damit auseinandersetzten und zu diesem Zweck Schriften und Reden verfassten. Aber obwohl sie schließlich den Vorwurf der Untätigkeit[80] wie ein Gorgonenhaupt sogar aus der Stoa herbeizitierten, gaben sie schließlich auf. Denn trotz aller ihrer Versuche und Verrenkungen konnten sie es nicht durchsetzen, die ›Antriebskraft‹ (ὁρμή) als Voraussetzung für einen ›Entschluss zum Handeln‹ (συνκατάθεσις) und die Sinneswahrnehmung als zusätzlichen Impuls (zum Handeln; ὁρμή) zu interpretieren: Die ›Antriebskraft‹ sollte offensichtlich aus sich heraus unmittelbar zum Handeln führen, ohne auf einen weiteren ›Entschluss‹ angewiesen zu sein.[81] Die Auseinandersetzungen mit jenen Leuten, den Akademikern, finden eben nach bestimmten Regeln statt, und

wie du selbst gesprochen hast, so wird dir wohl erwidert.[82]

Ich meine, dass die Diskussion über ›Antriebskraft‹ (ὁρμή) und ›Zustimmung‹ (συνκατάθεσις) für Kolotes dasselbe ist wie Musik für einen Esel. Denjenigen aber, die folgen und zuhören können, wird nur dies gesagt:

In der Seele wirken drei Kräfte, die Vorstellungskraft (φανταστικόν), die Antriebskraft (ὁρμητικόν) und die Fähigkeit zuzustimmen (συνκαταθετικόν).

Die Vorstellungskraft kann nicht ausgeschaltet werden, auch wenn man es wollte, sondern man muss es hinnehmen, dass die Dinge einen Eindruck hinterlassen und eine Empfindung auslösen, wenn man ihnen begegnet.

Die Antriebskraft wird von der Vorstellungskraft, die als eine Art Impuls oder Motiv auf der höchsten seelischen Ebene wirksam ist, geweckt und treibt den Menschen zu entsprechenden Handlungen. Diesen Vorgang können auch diejenigen nicht aufheben, die die Zurückhaltung (ἐποχή) gegenüber allen Dingen verfechten, sondern sie folgen der Antriebskraft, die auf natürliche Weise zu allem hinlenkt, was ihnen als von Natur aus zugehörig (οἰκεῖον) erscheint.

Was müssen sie dann als Einziges noch vermeiden? Nur das, worauf falsches Urteil und Täuschung beruhen: vage Vermutung und übereilten Entschluss, der darin besteht, dass man aus Schwäche dem Schein nachgibt, was aber völlig sinnlos (οὐ χρήσιμον) ist. Denn das Handeln setzt zwei Dinge voraus: die Vorstellung (φαντασία) von dem, was gut für uns ist, und den Antrieb (ὁρμή) zu dem hin, was sich als gut für uns dargestellt hat. Keines von beiden steht im Widerspruch zu der Zurückhaltung im Urteil (ἐποχή). Denn die Vernunft befreit uns nur von einer vagen Meinung (δόξα), nicht aber von der Antriebskraft und der Vorstellung. Wenn nun das, was gut für uns ist, in Erscheinung tritt, dann ist keine weitere Meinung mehr erforderlich, um uns in diese Richtung gehen zu lassen, sondern die Antriebskraft wirkt unmittelbar, weil sie ein Impuls und eine Bewegung der Seele ist.

Skeptische Zurückhaltung – was ist das?
(27) Die Epikureer selbst sind der Auffassung, dass es nur nötig sei, ein Wahrnehmungsvermögen zu besitzen und aus Fleisch und Blut zu sein, und dann werde sich schon die Lust als ein Gut erweisen. Demnach wird sie sich auch dem Skeptiker als ein Gut erweisen, der sein Urteil zurückhält. Denn auch er hat ein Wahrnehmungsvermögen und ist aus Fleisch und Blut, und wenn er eine Vorstellung vom Guten gewonnen hat, strebt und verlangt er danach und setzt alles daran, dass es ihm nicht entgeht und er möglichst für immer alles besitzt, was für ihn gut ist, indem er sich von natürlichen Bedingungen, nicht von mathematischen[83] Notwendigkeiten bestimmen lässt. ›Ohne Lehrer nämlich reizen diese schönen, gleichmäßigen und angenehmen Bewegungen des Fleisches, wie diese Leute sagen,[84] auch denjenigen, der es ganz und gar ablehnt und nicht zugibt, dass er dadurch berührt und gepackt wird.‹

›Aber wie kommt es, dass derjenige, der sein Urteil zurückhält, nicht auf einen Berg steigt, sondern ins Bad geht, und auch nicht gegen die Mauer rennt, sondern sich aufmacht und auf das Tor zugeht, wenn er auf den Markt gehen will?‹ So fragst du, der du die Sinnesorgane für untrüglich hältst und die Vorstellungen für wahr? Es erscheint ihm doch wohl nicht der Berg, sondern das Bad als Bad, und nicht die Wand, sondern die Tür als Tür, und das gilt auch für alles andere. Denn die Lehre von der Zurückhaltung des Urteils behindert die sinnliche Wahrnehmung nicht und schafft auch bei den vernunftlosen Empfindungen und Bewegungen keine Veränderung, die die Vorstellungskraft beeinträchtigen könnte, sondern entzieht nur den unsicheren Meinungen die Grundlage, macht aber von allen anderen Gegebenheiten den Gebrauch, der ihren natürlichen Bedingungen entspricht.
›Aber es ist unmöglich, evidenten Tatsachen (ἐνάργεια) keine Zustimmung zu geben.[85] Denn das nachweislich Richtige weder zu bestreiten noch ihm zuzustimmen, ist widersinniger, als es einfach nur zu bestreiten.‹ Wer aber bringt denn das nachweislich Richtige zum Wanken und gerät in Konflikt mit dem Offensichtlichen? Die Leute doch wohl, die die Mantik beseitigen, die göttliche Vorsehung leugnen und bestreiten, dass die Sonne und der Mond beseelt sind, denen alle Menschen Opfer darbringen, zu denen sie beten und die sie fromm verehren. Die Tatsache, dass die Eltern sich von Natur aus um ihre Kinder kümmern, lehnt ihr ab, weil es nicht allen Menschen so erscheint? Bestreitet ihr nicht gegen die Erfahrung aller Menschen, dass es zwischen Schmerz und Lust ein »Mittleres« beziehungsweise fließende Übergänge gibt, indem ihr behauptet, dass es Lust sei, keinen Schmerz zu fühlen? Würde das nicht heißen, etwas zu empfinden sei dasselbe wie nichts zu empfinden?[86]

Sprachlose Beliebigkeit

(28) Aber um weitere Fragen beiseitezulassen – was ist offensichtlicher und so gewiss wie die Tatsache, dass man in Zuständen der Ekstase und in schweren Depressionen nicht richtig sieht und hört, wenn dem Geist so etwas widerfährt und er völlig durcheinandergerät:

> Die Frauen in ihren schwarzen Gewändern und mit Fackeln in den Händen
> versengen mir die Augen[87]

und

> Feuer und Blut schnaubend schlägt sie mit den Flügeln
> und hält meine Mutter in den Armen?[88]

Diese und noch viele andere schreckliche Vorgänge, die den schaurigen Gestalten des Empedokles[89] gleichen und über die sich die Epikureer lustig machen: die ›schleppfüßigen Gestalten mit ihren zahllosen Händen‹ und die ›Sprösslinge von Kühen mit ihrem menschlichen Oberkörper‹ – welche Gestalt oder welches ungeheuerliche Wesen haben die Epikureer nicht aus ihren Träumen und Wahnvorstellungen gekramt! Und sie behaupten, dass es sich dabei nicht um Sinnestäuschungen, Phantasiegebilde oder abartige Erscheinungen handle, sondern um vollkommen wahre Vorstellungen, Körper und Gestalten, die aus der Luft um sie herum kämen. Kann man denn überhaupt noch etwas für unmöglich halten, wenn man solche Dinge zu glauben imstande ist? Die Leute, die das alles – was kein Hersteller von Puppen, kein Erzähler von Wundergeschichten oder kein verrückter Maler zusammenzuklauben wagte, um die Sinne zu täuschen, Trugbilder zu produzieren und witzige Figuren zu gestalten – ernsthaft als wirklich vorhanden darstellten oder mehr noch behaupteten, falls diese Phantasiegebilde nicht existierten, gäbe es überhaupt keinen Glauben, keine Gewissheit und keinen Anhaltspunkt für Wahrheit mehr, stürzen die ganze Welt in eine sprachlose Beliebigkeit (ἀφασία):[90] Sie erzeugen Angst vor jeder Entscheidung und stellen jede Handlung unter Verdacht, wenn die Taten, die Meinungen, die Gewohnheiten, die täglichen Handgriffe auf dieselben Vorstellungen zurückgehen und dieselbe Vertrauensbasis haben wie jene irrsinnigen, unmöglichen und abartigen Hirngespinste. Denn die Gleichwertigkeit, die sie allen Dingen unterstellen, führt eher dazu, sich von den üblichen Überzeugungen abzuwenden, als dem Widersinnigen Glauben zu schenken. Wie wir wissen, gibt es nicht wenige Philosophen, die lieber keine Erscheinung als alle für wahr halten würden und lieber einfach allem, was einem begegnet, während man wach ist, ob es sich nun um Menschen, Sachen oder Worte handelte, ihr Vertrauen entzögen, statt auch nur einer einzigen jener Erscheinungen Glauben zu schenken, die man wahrnimmt, wenn man außer sich ist, in Verzückung gerät oder schläft. Wenn es dann möglich ist, Erscheinungen einerseits zu verneinen und andererseits auch nicht, darf man sich dann darüber nicht des Urteils enthalten, wenn auch nur deshalb, weil man diesen Widerspruch als hinreichenden Grund für Misstrauen gegenüber der Welt gelten lässt? Aber nicht als ob wir wirklich annehmen würden, dass alles völlig verrückt wäre, sondern dass überall Unsicherheit und Verwirrung herrschte.

Auch wenn die Meinungen über die Frage, ob es unendlich viele Welten gibt, über die Natur der Atome und der unteilbaren Körper und über die Abweichungen widersprüchlich sind, was viele Menschen verwirrt, so kann man sich doch wenigstens damit trösten, dass uns keines dieser Probleme wirklich nahegeht, sondern eher noch, dass jede dieser Untersuchungen völlig außerhalb unseres Horizontes liegt. Aber dieses Misstrauen, diese Ungewissheit und diese Unzuverlässigkeit unserer Augen, Ohren und Hände, wenn es um die Frage geht, ob die Sinneswahrnehmungen und die Erscheinungen wahr oder falsch sind – welche Meinung lässt sich dadurch nicht erschüttern? Welcher Entschluss und welches Urteil ist dadurch nicht ins Wanken zu bringen? Denn wenn Menschen, die nicht berauscht, verrückt und wahnsinnig, sondern völlig nüchtern und gesund sind und etwas über Wahrheit und über ihre Regeln und Kriterien schreiben, bei völlig unbestreitbaren Empfindungen und Bewegungen der Sinneswahrnehmung entweder das Nichtvorhandene für wahr oder das Wahre für falsch und nicht vorhanden halten, dann ist es nicht verwunderlich, dass sie alles auf sich beruhen lassen, und noch viel weniger, dass sie manchen Vorgängen überhaupt zustimmen. Es ist sogar noch zu vertreten (οὐδὲ ἄπιστον), wenn jemand kein Urteil über die Erscheinungen, aber es ist nicht zu vertreten, wenn er widersprüchliche Urteile fällt. Denn wer weder bejaht noch verneint, sondern alles auf sich beruhen lässt, gerät mit demjenigen, der eine Meinung vertritt, weniger in Streit als derjenige, der ihr widerspricht, und mit dem Widersprechenden noch weniger als mit dem, der ein Urteil vertritt. Wenn es aber möglich ist, das Urteil über diese Dinge zurückzuhalten, ist es nicht unmöglich, das Urteil auch über andere Dinge zurückzuhalten; das entspricht wenigstens eurer Auffassung, da ihr doch glaubt, dass sich Wahrnehmung von Wahrnehmung und Vorstellung von Vorstellung nicht im Geringsten unterscheiden.

Zurückhaltung ist auch eine Haltung

(29) So ist denn die Lehre von der Zurückhaltung des Urteils keine verrückte Geschichte und auch keine Jagd auf arrogante, anmaßende Jünglinge, die den Vorlesungssaal füllen sollen, wie Kolotes meint. Sie ist vielmehr die Haltung und Einstellung von Männern, die vor Irrtum bewahrt und das Urteil nicht den

Sinneswahrnehmungen überlässt, die so leicht zu täuschen und zu verunsichern sind. Diese Einstellung lässt sich auch nicht betrügen, wie es bei denen der Fall ist, die behaupten, dass die sichtbaren Erscheinungen auch Beweise für die Existenz der unsichtbaren Dinge liefern, obwohl sie doch sehen, dass die Unzuverlässigkeit und die Unklarheit bei den sichtbaren Dingen so groß ist! Nein, eine wirklich verrückte Geschichte ist vielmehr die epikureische Lehre von der Unendlichkeit und von den Bildern. Aber Arroganz und Anmaßung können sich die Jünglinge von dem Mann beibringen lassen, der über den noch nicht achtzehnjährigen Pythokles[91] schreibt, es gebe in ganz Griechenland keine größere Begabung und er könne sich so bezaubernd schön ausdrücken. Er selbst sogar reagiere wie eine Frau, wenn er sich dabei ertappe, zu den Göttern zu beten, dass die überragenden Vorzüge des jungen Mannes keine Missgunst und keinen Neid wecken mögen. Aber die Leute, die so zügellos und überheblich gegen angesehene Männer schreiben, sind Sophisten und Prahler. Platon, Aristoteles, Theophrast und Demokrit haben zwar auch ihren Vorgängern widersprochen. Aber ein Buch zu veröffentlichen, das mit einem solchen Titel alle Philosophen zugleich angreift, hat doch noch niemand gewagt.[92]

Stabilisierung durch Philosophie

(30) Darum bekennt Kolotes genauso wie diejenigen, die gegen die Gottheit gefrevelt haben, am Ende des Buches seine bösen Taten: ›Diejenigen, die Gesetze und Vorschriften festlegten und die Herrschaft durch Könige und Beamte in den Staaten einrichteten, vermittelten dem Leben große Sicherheit und Ruhe und befreiten es von Störungen. Wenn also jemand diese Errungenschaften beseitigen wird, dann werden wir leben wie die Tiere, und jeder wird jeden, der ihm begegnet, einfach nur auffressen.‹ Denn das hat Kolotes wörtlich gesagt, ohne je-

doch recht zu haben und die Wahrheit zu sprechen. Denn wenn jemand die Gesetze aufhebt und die Lehren des Parmenides, des Sokrates, des Heraklit und des Platon unangetastet lässt, so werden wir weit davon entfernt sein, uns gegenseitig aufzufressen und wie die Tiere zu leben. Denn wir werden die Schande fürchten und die Gerechtigkeit aufgrund ihres Wertes achten.[93] Wir glauben, in den Göttern gute Herrscher und in den Dämonen[94] Beschützer des Lebens zu haben. Wir sind überzeugt davon, dass alles Gold über und unter der Erde moralisches Handeln nicht aufwiegt, und aus vernünftiger Überlegung tun wir freiwillig, wie Xenokrates es ausdrückt, was wir jetzt unter dem Zwang der Gesetze unfreiwillig tun. Wann wird denn eigentlich unser Leben tierisch, wild und ungesellig? Wenn einerseits die Gesetze aufgehoben werden und andererseits die Lehren bestehen bleiben, die zur Sinnenlust auffordern, wenn man einerseits nicht an die Vorsehung der Götter glaubt und andererseits die Leute für Weise hält, die auf das Gute spucken, falls es nicht mit Sinnenlust verbunden ist, und die über folgende Aussagen spotten und lachen:

> Das Auge des Gesetzes sieht alles.[95]

Und:

> Gott steht neben uns und sieht uns aus nächster Nähe.[96]

Und:

> Gott, wie auch die alte Geschichte erzählt, beherrscht Anfang, Mitte und Ende aller Dinge und kommt auf direktem Weg zum Ziel, während er die Welt umrundet, wie es seinem Wesen entspricht. Ihm folgt Dike, das Recht, und richtet über alle, die von dem göttlichen Gesetz abfallen.[97]

Denn diejenigen, die diese Mahnungen als unwahre Geschichten verachten und glauben, dass das Gute mit unserem Bauch und den anderen Mitteln, mit denen Sinnenlust geweckt wird, zu tun hat, brauchen ein Gesetz, Angst, Körperstrafen, einen König und Herrscher, der das Recht in seiner Hand hat, damit sie nicht in ihrer durch ihre Gottlosigkeit noch weiter gesteigerten Gefräßigkeit ihre Mitmenschen auffressen.
Denn so leben die Tiere: Sie kennen nichts Schöneres als die Sinnenlust und wissen auch nichts von dem göttlichen Gericht; die Schönheit und den Wert des moralischen Handelns achten sie nicht, sondern wenn sie von Natur etwas Mut, Verschlagenheit oder Stärke besitzen, setzen sie dies um der Lust des Fleisches (ἡδονὴ σαρκός) willen und für die Befriedigung ihrer Begierden ein. Davon ist auch der weise Metrodoros überzeugt, wenn er sagt, dass alle schönen, klugen und erfolgreichen Entdeckungen der Seele nur wegen der Sinnenlust und der Hoffnung auf diese erbracht worden seien und dass jede Tätigkeit fruchtlos sei, die nicht darauf ziele. Wenn durch diese Überlegungen und philosophischen Gedanken die Gesetze beseitigt sind, fehlen nur noch Wolfsklauen, Löwengebisse, Rinderbäuche und Kamelhälse. Entsprechende Empfindungen und Ansichten bringen die Tiere aus Mangel an Rede und Schrift mit Gebrüll, Wiehern und Blöken zum Ausdruck, und jeder Laut begrüßt bei ihnen die Lust des Fleisches und umschmeichelt sie, ob sie nun da ist oder noch kommt, es sei denn, es handelt sich um die Exemplare, die einen angeborenen Sinn für Töne haben und von Natur aus ein kommunikatives Wesen aufweisen.

Epikureische Kulturvernichtung
(31) Kein Lob dürfte denen gerecht werden, die gegen diese tierischen Leidenschaften Gesetze, Staaten, Regierungen und eine rechtliche Ordnung geschaffen haben. Aber was sind das

für Leute, die dies zunichtemachen, auflösen und völlig verschwinden lassen? Sind es nicht diejenigen, die sich und ihre Freunde von jeder politischen Betätigung fernhalten? Sind es nicht die Epikureer, die sagen, dass der Ruhm, den die Seelenruhe (ἀταραξία) verleiht, mit höchsten Ämtern nicht zu vergleichen ist? Sind es nicht diejenigen, die jede Herrschaft als einen Irrtum und einen Fehler bezeichnen und mit ihren eigenen Worten Folgendes sagen: ›Man muss erklären, wie man am besten das Ziel seiner Natur im Auge behält und wie man es von vornherein erreicht, öffentliche Ämter nicht freiwillig zu übernehmen.‹[98] Und hinzu kommt noch Folgendes:[99] ›Es ist also nicht mehr notwendig, die Griechen zu retten und von ihnen einen Preis für Weisheit zu bekommen, sondern es geht nur darum zu essen und zu trinken, mein Timokrates, ohne Schaden für den Leib und mit Lust.‹

Allerdings ist der erste und höchste Zweck der Gesetzgebung, die ja auch Kolotes lobt, der Glaube an die Götter, mit dem Lykurg den Lakedaimoniern eine besondere Weihe verlieh, Numa den Römern, der alte Ion den Athenern und Deukalion allen Hellenen gemeinsam, indem sie den Menschen Hoffnung und Furcht zugleich vermittelten und durch Gelübde, Eide, Orakel und Weissagungen für das Göttliche empfänglich machten. Wenn man auf Reisen ist, kann man wohl Städte finden ohne Mauern, ohne Schrift, ohne Könige, ohne feste Häuser, ohne Reichtümer, ohne Verlangen nach Geld und ohne Theater und Gymnasien; aber eine Stadt ohne Heiligtümer und Götter, in der es nicht üblich ist, Gelübde abzulegen und Eide zu schwören, ohne Weissagungen und Opfer zum Dank für Gutes und zur Abwehr von Übeln hat noch niemand gesehen und wird es auch nicht. Ich glaube wirklich, eine Stadt dürfte eher ohne Grund und Boden entstehen und ihre Existenz sichern können, als dass ein Staat bei vollständiger Vernichtung des Götterglaubens bestehen bliebe. Diesen Glauben, der jede

Gemeinschaft zusammenhält und eine Stütze und Grundlage der Gesetzgebung bildet, zerstören die Epikureer, aber nicht dadurch, dass sie ihre Absicht vorsichtig und heimlich umkreisen und nur verhüllt andeuten, sondern indem sie den ersten ihrer ganz besonders maßgebenden Sätze gleich ganz offen ins Feld werfen.[100] Wie von einem bösen Geist getrieben geben sie durchaus zu, schlimme Dinge zu tun, indem sie alle anerkannten Regeln brechen und die gesetzliche Ordnung zerstören, ohne jedoch auf Verständnis zu stoßen. Denn sich mit seiner Überzeugung zu irren, ist zwar kein Zeichen von Weisheit, aber durchaus menschlich. Doch anderen vorzuwerfen, was man selbst tut – wie könnte man dieses Verhalten bezeichnen, ohne mit den passenden Worten jeden Anstand zu verletzen?

Leistungen der Angegriffenen und ihrer Schüler
(32) Wenn Kolotes in einer Schrift gegen Antidoros[101] und gegen den Sophisten Bion[102] die Gesetze, eine Verfassung und eine Rechtsordnung erwähnt hätte, dann hätte ihm keiner der Angegriffenen erwidern können:

Du armer Kerl, bleib doch ruhig noch in deinem Bett liegen[103] –

und verstecke deinen armseligen Leib unter der Decke! Denn mich dürfen nur Männer angreifen, die in ihrem Leben bewiesen haben, dass sie zum Wohl des eigenen Haushalts und der staatlichen Gemeinschaft handeln können.‹ Doch alle, die Kolotes geschmäht hat, sind genau solche Männer! So fordert zum Beispiel Demokrit[104] dazu auf, dass man sich in der Kriegskunst[105] gründlich ausbilden lasse, weil sie besonders wichtig sei, und die Anstrengungen auf sich nehme, aus denen sich für die Menschen große und herrliche Dinge ergäben. Parmenides ordnete seine Vaterstadt mit so vorzüglichen Gesetzen, dass die Bürger den Behörden jedes Jahr den Eid leisteten, den Gesetzen des Parmenides treu zu bleiben. Empedokles wies den ersten Männern dieser Stadt nach, dass sie die Gesetze missachteten und das öffentliche Eigentum verschleuderten; außerdem befreite er das Land von seiner Unfruchtbarkeit und von einer Seuche, nachdem er die Schluchten eines Berges, durch die der Südwind auf die Ebene wehte, mit einer Mauer hatte versperren lassen. Obwohl ihm seine Freunde nach seiner Verurteilung die Flucht vorbereitet hatten, ging Sokrates aus Respekt vor den Gesetzen nicht darauf ein, sondern wollte lieber zu Unrecht sterben als gegen die Gesetze am Leben bleiben. Melissos erfocht als Stratege seiner Vaterstadt einen Seesieg über die Athener. Platon hinterließ zwar schon in seinen Schriften herrliche Gedanken über die Gesetze und über den Staat, aber seinen Freunden gab er noch wirkungsvollere Anstöße, die dazu führten, dass Sizilien durch Dion befreit wurde und Thrakien durch Python und Herakleides, die Kotys[106] beseitigten. In Athen gingen die Feldherrn Chabrias und Phokion aus der Akademie hervor. Denn während Epikur Leute nach Asien schickte, die Timokrates verleumden und vom Königshof vertreiben sollten, weil er seinen Bruder Metrodoros beleidigt hatte, was in ihren Schriften zu lesen ist, schickte Platon Aristodemos, einen seiner Schüler, der die Verfassung in Ordnung bringen sollte, nach Arkadien, dann Phormion nach Elea und Menedemos nach Pyrrha.[107] Eudoxos schrieb Gesetze für Knidos, Aristoteles für Stageira. Beide waren Anhänger Platons. Alexander verlangte von Xenokrates Unterweisungen für die Königsherrschaft. Der Mann, der von den in Asien lebenden Griechen zu Alexander geschickt worden war und ihn vor allem dazu angefeuert und angetrieben hatte, den Krieg gegen die Perser zu führen, war Delios aus Ephesos, ein Freund Platons. Außerdem hat Zenon, der Schüler des Parmenides, nach einem misslungenen Anschlag auf das Leben des Tyrannen Demylos auf der Folter die Lehre des Parmenides als rein und echt wie Gold erwiesen und durch seine Taten gezeigt, dass nur die Schande für einen großen Mann furchtbar ist und nur Kinder, Frauen und Männer mit verweichlichten Seelen den Schmerz fürchten; denn er biss sich selbst die Zunge ab und spuckte sie dem Tyrannen ins Gesicht.

Was haben die Epikureer jemals erreicht?
(33) Aber wozu haben die Worte und Lehren Epikurs geführt? Ich frage nicht, wer zum Tyrannenmörder, zum Kriegshelden, zum Gesetzgeber, zum Herrscher, zum Berater eines Königs, zum Volksführer oder zu einem Mann wurde, den man für das Recht gefoltert oder hingerichtet hat. Ich frage ganz einfach: Welcher neunmalkluge Epikureer hat für sein Vaterland jemals ein Schiff bestiegen, war Gesandter oder Geldgeber? Wo steht etwas über eure politische Praxis? Wohl ist Metrodoros vierzig Meilen zum Piräus hinabgestiegen, um einem gewissen Mithres,[108] einem Syrer aus der Begleitung des Königs, nach seiner Verhaftung zu helfen. Das wurde allen Leuten, Männern wie Frauen, brieflich mitgeteilt. Epikur gab mächtig damit an und rühmte sich jenes Weges. Was wäre bloß passiert, wenn sie etwas Solches geleistet hätten wie Aristoteles, der seine von Philipp zerstörte Vaterstadt wieder aufbauen ließ, oder wie Theophrast, der seine Heimatstadt gleich zweimal von der Tyrannis befreite? Hätte nicht eher der Nil aufhören müssen, Papyros zu liefern, bevor sie es müde geworden wären, darüber zu schreiben? Dabei ist es noch nicht einmal besonders schlimm, dass sie unter so vielen Philosophen von den Vorteilen, die die Stadt bot, profitierten, obwohl sie keine Gegenleistung erbrachten. Aber sogar die Tragödien- und Komödiendichter versuchten ständig, etwas Nützliches zu schaffen und über Gesetze und das Gemeinwesen zu sprechen.
Wenn die Epikureer aber etwas schreiben, schreiben sie über

Politik, um uns davon abzubringen, politisch tätig zu sein, und über Rhetorik, damit wir keine Reden halten, und über die Königsherrschaft, um uns dazu zu veranlassen, dass wir es vermeiden, an Königshöfen zu leben. Die Politiker erwähnen sie nur, um sie zu verspotten und ihren Ruhm zu zerpflücken, wie zum Beispiel den Epameinondas, von dem sie sagen, er habe zwar eine gewisse Stärke, aber nur eine recht ›mickrige‹, wie sie selbst es ausdrücken, ihn selbst aber nennen sie ›Eisenherz‹ und stellen die Frage, was er davon gehabt habe, dass er durch die ganze Peloponnes gezogen ist und sich nicht mit einem Filzhütchen auf dem Kopf ruhig zu Hause auf sein Sofa gesetzt hat, um sich natürlich ausschließlich mit dem Wohl seines Bauches zu beschäftigen.
Was Metrodoros in seinem Buch *Über die Philosophie* schrieb, um sich über die Politik lustig zu machen, sollte nicht übergangen werden, wie ich meine. ›Einige weise Männer‹,[109] sagt er, ›haben in ihrer übersteigerten Eitelkeit das, was Politik bewirken kann, aufs Schönste herausgetüftelt, so dass sie sich in Übereinstimmung mit ihren Ausführungen über die Lebensformen und die persönliche Höchstleistung (ἀρετή) dazu hinreißen ließen, dieselben Absichten wie Lykurg und Solon zu verfolgen.‹ Eitelkeit und gar übersteigerte Eitelkeit waren also der Grund dafür, dass Athen frei wurde, Sparta gute Gesetze erhielt, die jungen Leute nicht über die Stränge schlugen und von Hetären keine Kinder bekamen und dass Reichtum, Verschwendungslust und Zügellosigkeit keine Rolle spielten, sondern Gesetz und Gerechtigkeit in den Gemeinwesen herrschten – ganz wie Solon es wollte! In seiner Spottlust fügte Metrodoros seinen Ausführungen noch die Bemerkung hinzu: ›Deshalb ist es auch völlig richtig, dass der Freie über alle Menschen und über Leute wie Lykurg und Solon herzhaft lacht.‹ Doch dieser Mann, mein Metrodoros, ist nicht frei, sondern unfrei und unbeherrscht, der nicht die für einen freien Mann

bestimmte Geißel braucht, sondern jene Stachelpeitsche, mit der sich die Galloi, die Priester der Kybele, am Fest der Großen Mutter für ihre Verfehlungen bestrafen lassen.

Aufforderung zu Verantwortungslosigkeit

(34) Dass sie aber nicht mit den Gesetzgebern, sondern mit den Gesetzen Krieg führten, kann man bei Epikur hören. Denn er fragt sich selbst in seinen *Zweifelsfragen*,[110] ob der Weise etwas tun wird, was die Gesetze verbieten, wenn er weiß, dass es nicht aufgeklärt wird. ›Es ist nicht leicht‹, ⟨so schreibt er⟩, ›darauf eine einfache Antwort zu geben‹,[111] das heißt doch: ›Ich werde es tun, will es aber niemandem zugeben.‹ Dann schreibt er, glaube ich, wiederum einen Brief an Idomeneus[112] und fordert ihn dazu auf, ›sich Gesetzen und Überzeugungen nicht wie ein Sklave zu unterwerfen, solange sie ihn nicht belästigen, dadurch dass sie ihm Schläge eines Mitmenschen einbringen.‹ Wenn nun die Leute, die die Gesetze und die staatlichen Ordnungen beseitigen, das menschliche Leben insgesamt vernichten und Epikur und Metrodoros genau das tun, indem sie ihre Anhänger von ihrem Einsatz für das Gemeinwesen abbringen, diejenigen hassen, die sich für das Gemeinwesen einsetzen, und die ersten und weisesten Gesetzgeber beschimpfen und alle anderen dazu auffordern, die Gesetze zu missachten, falls kein Grund zur Angst vor schmerzhaften Strafen besteht, dann weiß ich nicht, ob die falschen Vorwürfe, die er gegen die anderen Philosophen erhoben hat, auch nur annähernd so viel Bedeutung haben wie alles, was er in Wirklichkeit gegen Epikurs Lehren und Überzeugungen vorgebracht hat.«

Man kann nach Epikurs Grundsätzen nicht glücklich leben (*Moralia* 1086C-1107C)

Einführung

Plutarchs Schrift[113] – sie wird zumeist unter ihrem lateinischen Titel *Non posse suaviter vivi secundum Epicurum* zitiert – gibt einen Dialog wieder, der in einem Gymnasium[114] – wahrscheinlich in Chaironeia – stattfand. Der Gesprächsgegenstand war die Schrift des Kolotes mit dem Thema »Dass man nach den Grundsätzen der anderen Philosophen überhaupt nicht (geschweige denn lustvoll) leben kann«.[115] Über die Angriffe des Kolotes und die Verteidigung der »anderen Philosophen« hatte Plutarch kurz zuvor einen Vortrag gehalten. Die Gesprächspartner sind der begeisterte Akademiker Aristodemos und Theon,[116] etwas später kommen Zeuxippos,[117] der erbitterte Anti-Epikureer, und Plutarch selbst hinzu. Theon, der hochgebildete und sehr belesene Kenner der griechischen Dichtung, beteiligt sich zunächst nur widerstrebend an dem Gespräch; Aristodemos ist dagegen besonders engagiert. Vermutlich waren noch andere Schüler Plutarchs anwesend, die bereit waren einzugreifen, wenn Theon Unterstützung brauchte.

Plutarchs Kritik des lustvollen Lebens

Nach einer kurzen Einleitung über den Anlass des Gesprächs (Kap. 1) gliedert Plutarch seine Kritik an einem Lebensstil, der von der »Jagd« nach Lustgewinn geprägt ist, in zwei größere Abschnitte: Der erste Abschnitt besteht aus drei Teilen, die den drei platonischen Seelenteilen und den drei Lebensformen des Aristoteles[118] entsprechen.

Das lustvolle Leben, wie die Epikureer es verstehen, ist den

Freuden gewidmet, die ihren Ursprung im Körper haben und sich nur auf den Körper beziehen. Eine derartige Lust hat aber nur geringe Bedeutung, ist zeitlich und räumlich stärker beschränkt als der Schmerz und schmerzunabhängig nicht denkbar, da ihr eigentlicher Zweck die Beseitigung von Schmerz ist. Die Freuden, die in der Erinnerung oder Erwartung physischer Lust bestehen, sind sogar noch weniger wertvoll[119] als die Sinnenlust, auf die sie sich beziehen, weil sie nicht von der Angst vor ihrem Verlust befreien, in der nach epikureischer Auffassung das größte Hindernis für ein lustvolles Leben besteht.
Nach epikureischer Auffassung ist die Lust das höchste Gut und das Ziel aller unserer Tätigkeiten: Epikur unterscheidet zwei Erscheinungsformen, die sich beide auf den Körper beziehen: eine »stabile Lust« (*voluptas stabilis*) und eine »bewegliche«, vorübergehend empfundene Lust (*voluptas in motu*). Die »stabile Lust« wird als Abwesenheit von Schmerz und Störung (*ataraxia*) empfunden, die »bewegliche Lust« besteht in den Empfindungen von Lust aller Sinne, die man sich aktiv verschafft, ist gelegentlich aber nichts anderes als die Vermeidung von Schmerz. Seelisch-geistige Lust ergibt sich aus der gedanklichen Reflexion körperlicher Lust, die in der Erwartung einer »beweglichen Lust« oder aus der Erinnerung daran entsteht. Weil sie nicht auf die Gegenwart beschränkt ist, sondern auch Vergangenheit und Zukunft einbezieht, hat seelisch-geistige Lust größere Stabilität als rein körperliche Lust; darum ist sie für Epikur auch der eigentliche Inhalt des philosophischen Lebens (Kap. 2-8).

Geistig-seelische Freuden

Das kontemplative Leben, das die Epikureer laut Plutarch ablehnen, gewährt dagegen Freuden, die völlig unabhängig von Schmerz zu denken sind und wahre geistig-seelische Freuden bedeuten, die etwa aus der Kunst, der Literatur, der Geschichts-

schreibung und der Mathematik erwachsen und erheblich dauerhafter sind als die Erinnerung an physische Freuden; dazu gehört zum Beispiel auch die Musiktheorie (nicht die Musik als solche), die »einen Liebenden sogar die Liebe vergessen lässt«. Dieser schöne Vergleich bringt es auf den Punkt: Die seelisch-geistigen Freuden, die den höheren Daseinsformen der menschlichen Natur und der Überlegenheit des Geistes über den Körper entsprechen, sind ungleich intensiver als lustvolle sinnlich-körperliche Empfindungen (Kap. 9-14).
Auch das aktive Leben, das zu öffentlicher Anerkennung führt, bringt weitaus größere Freuden als das Dasein im stillen Garten der Epikureer. Ganz einfache wie auch sehr bedeutende Menschen ziehen die öffentliche Anerkennung einer privaten Zufriedenheit vor. Zudem vermittelt die Erinnerung an besondere Leistungen eine höhere Befriedigung als körperliche Lust. Epikur selbst war nicht unempfindlich gegenüber öffentlicher Anerkennung; er hat bestimmt nicht gern darauf verzichtet (Kap. 15-19).

Epikurs Götter
Der zweite Abschnitt lenkt die Aufmerksamkeit auf die für Plutarch nicht akzeptable Auffassung der Epikureer von den Göttern und dem Leben nach dem Tod. Dabei will Plutarch vor allem zeigen, dass die platonischen oder stoischen Anschauungen größere Freuden in Aussicht stellen als die epikureischen. Zunächst hebt Aristodemos hervor, dass die Epikureer mit ihrer Absicht, die abergläubische Furcht vor den Göttern zu beseitigen, eine neue Angst entstehen lassen, die durch die angebliche Unempfindlichkeit und Gefühllosigkeit der Götter verursacht wird und die Freude zerstört, die mit dem Glauben an die göttliche Güte verbunden ist (Kap. 20-23). Selbst auf böse Menschen wirkt religiöser Glaube besänftigend und ermöglicht ihnen ein friedlicheres Leben; gewöhnliche Menschen ge-

winnen ihre Freude aus einem religiösen Glauben, der stärker ist als die Angst. Für Epikur hingegen, der das Gefühl der Ehrfurcht vor den Göttern ablehnt, ist Religion nur ein schmerzhafter Zwang. Für wirklich gute Menschen aber ist der Glaube an die Liebe der Götter und die göttliche Belohnung guter Taten eine Quelle unbeschreiblicher Freude. Aber für Menschen, die weder etwas Gutes noch etwas Böses von den Göttern erwarten, führt diese Einstellung zu völliger Hoffnungslosigkeit.

Leben nach dem Tod
Dieser letzte Punkt löst die Diskussion über das Leben nach dem Tod aus (Kap. 25-30). Theon tritt als Gesprächsteilnehmer an die Stelle des Aristodemos. Indem Epikur die Angst vor Strafe als die einzige Abschreckung vor einer bösen Tat erkennt, ist es für schlechte Menschen vorteilhaft, mit einer Bestrafung auch noch nach dem Tod zu rechnen. Bei gewöhnlichen Menschen ist die Angst vor einem Leben nach dem Tod weniger bedeutsam als die Freude, die man bei dem Gedanken spürt, dass das Leben durch den Tod nicht zu Ende ist. Wenn die Menschen aber erwarten müssen, dass mit dem Tod alles aufhört, empfinden sie wirklich Angst – eine Angst, die Epikur durch seine Lehre noch verstärkt. Denn auf diese Weise raubt er dem Leben eine seiner erfreulichsten Seiten: die Erwartung eines besseren Lebens, ob es auf dieser Welt nun glücklich oder unglücklich war. Die epikureische Sichtweise stürzt den Unglücklichen dagegen in Hoffnungslosigkeit und den Glücklichen lässt sie am Sinn des Lebens verzweifeln, und wenn Epikur die Seele an den Körper bindet und das Gute darauf beschränkt, dem Bösen zu entkommen, schließt er zugleich die innige Freude aus, die in der Erwartung einer fortdauernden Existenz und der Gewissheit göttlicher Güte besteht.
Im letzten Abschnitt (Kap. 31) fasst Plutarch die Grundgedanken der Schrift zusammen: Epikur zerstört die Aussicht auf

göttliche Hilfe und auf ewiges Leben. Er vernichtet das Glück, das sich aus reger geistiger Tätigkeit und aus ehrenvollem Handeln ergibt. Er reduziert die menschliche Natur auf Freuden, die mit Hilfe des Körpers empfunden werden.

Plutarchs Voraussetzungen seiner Epikurkritik
Plutarch war offiziell Mitglied der platonischen Akademie in Athen, und Platon blieb für ihn sein Leben lang von größter Bedeutung. Als Akademiker rät er zur skeptischen Zurückhaltung gegenüber dogmatischen Festlegungen. Von Aristoteles und seinen Nachfolgern – vor allem von Theophrast – ließ er sich zu weiterführenden Studien weit über den Rahmen der Philosophie hinaus anregen.

So ist es auch konsequent, wenn er Epikurs Hedonismus ebenso wie den stoischen Rigorismus vor dem Hintergrund einer weltläufigen Interpretation des platonischen und aristotelischen Denkens kritisiert und die Widersprüchlichkeit und Inkonsequenz dogmatischen Starrsinns thematisiert. Platon hatte in seinem Dialog *Philebos*[120] die Lust eher dem »Werden« als dem »Sein« zugeordnet und angenommen, dass sie als ein »Werden« immer auf ein Ziel hin ausgerichtet ist, aber nicht selbst das Ziel, das höchste Gut, sein kann. Aristoteles schließt sich dieser Meinung zwar nicht an, indem er darauf hinweist, dass nicht alle Freuden dem »Werden« zuzurechnen sind, sondern dass einige Freuden auch Ziele sind, weil sie als »Tätigkeiten«[121] zu gelten haben. Aber selbstverständlich bestimmt auch er die Lust nicht als das höchste Gut, erkennt jedoch an, dass sie die Verwirklichung der Tugend begleitet. Auf diesen Gedanken legt Plutarch größten Wert, indem er die Lust an die Leistung bindet.

Nach Epikur ist die höchste Lust kein »Werden«: Sie ist keine »Rückkehr (nach einer Phase der Störung, der Unlust, des Schmerzes) zu einem naturgemäßen Zustand«, wie Platon[122] sie beschrieben hatte, sondern ein »gefestigter Zustand«, der in der vollständigen Beseitigung aller Ursachen einer Störung besteht. Der »gefestigte Zustand« setzt allerdings voraus, dass die »notwendigen« Bedürfnisse, besonders Hunger und Durst, befriedigt sind. Darauf beruht die herausragende Bedeutung der »Freuden des Bauches« im epikureischen Denken. Aber dass die »Bewegungen« (zum Beispiel Essen und Trinken zur Stillung des Hungers und Durstes) als solche schon lustvoll sind, bestreitet Plutarch, weil der Körper nur sehr wenig Nahrung wirklich benötigt.

Mit Aristoteles[123] besteht Epikur darauf, dass Lust eher in der Ruhe als in der Bewegung besteht. Lust ist nicht grenzenlos und nicht geprägt von jener Verwirrtheit, Rohheit und Gewalttätigkeit, die sie nach Platons Ansicht in einen Gegensatz zur Vernunft bringt. Vielmehr ist sie ohne die höchste Tugend und Weisheit nicht zu erreichen. Denn nur wenn den Wünschen Grenzen gesetzt werden, erzeugt das philosophische Denken die Seelenruhe, von der das lustvolle Leben abhängt.

Vernunft und Lust

Es bleibt aber sehr wichtig für Epikur, die Bedeutung der Vernunft für das Streben nach Lust zu betonen. Allerdings ist dabei zu berücksichtigen, dass der epikureische Begriff der Lust bis heute immer wieder missverstanden wird. Epikur hatte in Wirklichkeit – was oft übersehen wird – ein sehr differenziertes Verständnis von Lust. Schon Platon hatte im *Philebos*[124] auf den Zusammenhang zwischen falschen Meinungen und falscher Lust hingewiesen. Obwohl Epikur zweifellos bestritten hätte, dass eine Lust »falsch« sein könne, besteht er doch entschieden darauf, dass Lust auf vernünftigem Denken beruht und dass man die richtigen Meinungen über die Götter und die natürliche Welt, die Seele, das Gute und das Böse haben müsse,

während falsche Meinungen die entscheidenden Ursachen für Furcht und Angst seien.
Ein anderer wichtiger Beitrag der Vernunft zur Gewinnung von Lust besteht für Epikur – wie bereits angedeutet – in der Funktion der Erinnerung und der Antizipation des Kommenden. Platon hatte betont,[125] dass ein Verlangen nach Lust durch die Erinnerung an früheren Lustgewinn und eine entsprechende Erwartung zukünftiger Lust ausgelöst wird. Er stellt Erinnerung und Verlangen einander ebenso gegenüber wie Seele und Körper. Epikur sieht in dieser Gegenüberstellung eine Möglichkeit, der Macht der Gefühle des Augenblicks zu entkommen. Denn das Denken verfügt über beides, über Vergangenheit und Zukunft, und indem es bei früheren und zukünftigen Freuden verweilt, dürfte es größere Unabhängigkeit gegenüber den Überraschungen der Gegenwart haben.

Alle Sinne rufen Lust hervor
Ohne die körperlichen Empfindungen als die Grundlage aller Erscheinungsformen der Lust in Frage zu stellen, bleibt Epikur bei seiner Überzeugung, dass Lust das höchste Ziel und etwas Ehrenwertes, Göttliches, Beständiges, Zuverlässiges, Vollkommenes, Unabhängiges, nicht leicht Veränderbares ist und mit der Verwirklichung der höchsten Möglichkeiten des Menschen verbunden ist.[126] Hier ist anzumerken, dass körperliche Lust im Sinne Epikurs nicht auf Schmecken und Berühren beschränkt ist, sondern alle Sinne umfasst. Demnach sind auch Gespräche mit Freunden oder philosophische Diskussionen zu den Freuden zu rechnen, an die sich Epikur auch noch auf seinem Sterbebett erinnert.

Lust ist mehr als körperliche Lust
Plutarch weist die epikureische Auffassung entschieden zurück, dass sinnliche Lust in Schmerzlosigkeit bestehe und dass

die Dauerhaftigkeit der Lust gegeben sei, wenn es gelinge, die Erinnerung an lustvolle Erlebnisse zu erhalten. Die Erinnerung an früher genossene Lust kann keine Fortsetzung dieser Lust sein. Denn die natürliche Gebrechlichkeit und Gefährdung des Körpers ist die Ursache einer fortwährenden Angst vor dem Verlust der Schmerzlosigkeit. Weil diese nicht dauerhaft sein kann, kann sie auch keine höchste Lust garantieren. Die Quellen wahrer Lust sind vielmehr unabhängig von einem Körper zu suchen, der aufgrund seiner natürlichen Beschaffenheit stets von Hinfälligkeit bedroht ist. Es sind die »geistigen« Güter, die in wertvoller menschlicher Tätigkeit bestehen, aber von den Epikureern nicht als Güter anerkannt werden. Das Bewusstsein, seinen Mitmenschen hilfreich und der Gesellschaft nützlich gewesen zu sein, soziale, wissenschaftliche und künstlerische Leistungen erbracht zu haben, die das Selbstwertgefühl stärken und nicht zuletzt zu öffentlicher Anerkennung führen, sind für Plutarch die Grundlagen stabiler Lust – gerade angesichts der Bedrohung durch Schmerz, Angst und Tod.

Ein besonders starkes Argument gegen Epikurs Leugnung der Bedeutung der Götter für den Menschen ist dann noch die Feststellung, dass der Verlust der Religion und des Kultes zwar die Furcht vor den Göttern aufhebt, zugleich aber auch Hoffnung und Gottvertrauen vernichtet. Der Mensch wird mit seiner Furcht vor dem Tod allein gelassen. Die Zerstörung des Glaubens an ein Weiterleben nach dem Tod beseitigt zwar die Angst vor dem Grauen der Hölle, aber auch den Trost, den die Erwartung eines besseren Lebens nach dem Tod vermittelt.

Übersetzung

Gesprächsanlass (93) Kann man etwa nach Epikurs Lehren gut leben? (94) Ist denn Lust nichts anderes als Schmerzlosigkeit? (96) Ist denn der Körper die einzige Quelle der Lust? (99) Ist die Erinnerung an ein körperliches Lustgefühl wirklich etwas wert? (100) Wie lässt sich denn eine »stabile Lust« mit einem zerbrechlichen Körper gewinnen? (101) Darf man überhaupt mit einem schmerzfreien Leben rechnen? (104) Kann die Vermeidung des Bösen das höchste Gut sein? (105) Ist es nicht erbärmlich, Schmerzfreiheit für das höchste Ziel zu halten? (106) Was sind aber die Bedingungen wirklicher Freude? (109) Warum lehnen die Epikureer Bildung und Wissenschaft ab? (111) Ist es nicht lustfeindlich, der Lust so enge Grenzen zu setzen? (114) Weitere Beispiele für die Lustfeindlichkeit der Epikureer (116) Zwischenspiel über Epikurs Lustfeindlichkeit (120) Was sind die wirklichen Freuden? (121) Epikureische Freuden sind egoistisch, wirkliche Freuden sind philanthropisch (125) Kann die Erinnerung an frühere Freuden überhaupt ein Mittel gegen den Schmerz sein? (127) Ist öffentliche Anerkennung etwa kein Grund zur Freude? (129) Ist es noch menschlich, von Schmerz und Angst frei sein zu wollen? (130) Welche Folgen hat der Verlust des Glaubens an die Götter? (132) Wozu ist der Glaube an einen gütigen Gott nützlich? (135) Zwischenspiel mit Empedokles (139) Was leistet der Mythos? (140) Ist der Tod wirklich das absolute Ende? (142) Ist der Glaube an die Unsterblichkeit nicht eine Quelle der Hoffnung? (143) Ist der Tod nicht der Anfang eines neuen Lebens? (145) Bedeutet die Vorstellung von der Auflösung der Seele wirklich das Ende der Angst? (146) Kann die Befreiung von allem Übel das Ziel des Lebens sein? (148)

Gesprächsanlass

(1) Epikurs Schüler Kolotes veröffentlichte ein Buch mit dem Titel *Wenn man die Lehren der anderen Philosophen befolgt, kann man nicht leben.*[127] Was ich ihm zur Verteidigung der Philosophen darauf erwiderte, habe ich schon aufgeschrieben.[128] Als aber meine Vorlesung zu Ende war, kamen mir während eines Spaziergangs noch weitere Einwände gegen die Lehre

Epikurs in den Sinn. Es schien mir angebracht zu sein, auch diese aufzugreifen, wenn auch nur um zu veranschaulichen, dass man, wenn man anderen etwas vorwirft, ihre Gedanken und Darstellungen, die man widerlegen will, nicht nur oberflächlich berühren, einzelne Stellen aus dem Zusammenhang reißen, die Aussagen ohne Rücksicht auf die Sachverhalte, auf die sie sich beziehen, angreifen und die Leute, die keine Ahnung haben, in die Irre führen darf.

Kann man etwa nach Epikurs Lehren gut leben?
(2) Als wir nämlich wie gewöhnlich nach der Vorlesung in das Gymnasium gekommen waren, sagte Zeuxippos: »Ich denke, deine Argumentation war viel zu vorsichtig, du hättest deutlicher sein müssen. Die Anhänger des Herakleides[129] verabschiedeten sich dagegen mit dem Vorwurf, wir hätten Epikur und Metrodor zu heftig angegriffen, obwohl sie beide doch in Wirklichkeit völlig unschuldig wären.« Theon fügte noch hinzu: Hast du denn nicht erwähnt, dass Kolotes im Vergleich zu den anderen Epikureern sehr zurückhaltend war? Denn diese hätten wirklich sehr grobe Schimpfwörter benutzt, indem sie Aristoteles, Sokrates, Pythagoras, Protagoras,[130] Theophrast, Herakleides, Hipparchia[131] – welchen berühmten Namen haben sie eigentlich nicht erwähnt? – als Possenreißer, Aufschneider, Scharlatane, Lustmolche, Mörder, Meckerer, Schädlinge der Menschheit oder Hirnrissige bezeichneten. Selbst wenn sie ansonsten vernünftige Leute wären, so müsste man sie doch aufgrund dieser Beleidigungen und Vorwürfe aus der Welt der Philosophie möglichst weit verbannen.

Denn Neid hat im göttlichen Reigen keinen Platz,[132]

und ihre Eifersucht ist so unbeherrscht, dass sie ihren Ärger nicht verbergen kann.« Da ergriff Aristodemos das Wort und sagte: »Herakleides, ein gelehrter Mann, bedankt sich bei Epikur für den ›poetischen Unfug‹, wie jene es ausdrücken, und für den ›Schwachsinn Homers‹ oder womit Metrodor sonst noch in so vielen Abhandlungen den Dichter beschimpfte. Aber gehen wir nicht weiter auf Leute wie Herakleides ein, Zeuxippos. Warum greifen wir nicht lieber das Argument auf, das am Anfang unserer Diskussion gegen diese Leute geäußert wurde, dass ein gutes Leben im Sinne der epikureischen Lehre ausgeschlossen ist, und warum setzen wir das Gespräch unter uns nicht fort und bitten Theon, die Leitung zu übernehmen, da unser Plutarch hier schon müde geworden ist?« Theon antwortete ihm: »Diese ›Aufgabe wurde doch schon gelöst‹[133] – von anderen vor uns.[134]

Jetzt aber wollen wir uns ein anderes Ziel setzen,[135]

wenn ihr einverstanden seid, und für die (nichtepikureischen) Philosophen an diesen Leuten Rache nehmen; wir wollen nämlich zu beweisen versuchen, wenn wir es können, dass ein angenehmes Leben nach epikureischer Lehre überhaupt nicht möglich ist.« – »Aha«, warf ich lachend ein, »offensichtlich hast du vor, den Leuten auf den Bauch zu springen und sie um ihr Leben kämpfen zu lassen, wenn du ihnen die Lust fortnimmst. Und dabei schreien sie laut auf:

Wir sind doch keine guten Faustkämpfer,[136]

⟨werden sie sagen⟩ und auch keine Politiker, Volksführer oder Herrscher.

Wir lieben doch nur das gute Essen[137]

und

> jede genussvolle fleischliche Erregung, die zur Lust und Freude der Seele aufsteigt.[138]

Demnach scheinst du mir diesen Leuten nicht nur den ›Frühling‹ fortzunehmen, wie man so sagt, sondern das Leben als Ganzes, wenn du ihnen das lustvolle Leben nicht lassen wirst.« – »Wieso beteiligst du dich im Augenblick nicht selbst an dem Gespräch, wenn du doch billigst, was ich sage?«, fragte Theon. »Ich werde mich beteiligen«, erwiderte ich, »indem ich zuhöre und antworte, wenn ihr es verlangt. Aber ich überlasse euch die Leitung des Gesprächs.« Nachdem Theon einige Einwände erhoben hatte, sagte er: »Wie kurz und einfach wäre an sich die Annäherung an unser Thema! Du aber hast einen Graben gezogen und uns den Zugang versperrt, weil du es nicht zuließest, dass wir von vornherein von den Epikureern Auskunft über das moralische Leben (τὸ καλῶς ζῆν) verlangten. Denn Menschen, die Lust zum höchsten Ziel erklären, kann man nicht so ohne weiteres von einem lustvollen Leben (τὸ ἡδέως ζῆν) abbringen. Wenn sie sich aber von einem moralischen Leben abbringen ließen, dann würden sie zugleich ihr lustvolles Leben verlieren, da das lustvolle Leben, wie sie selbst sagen, ohne das moralische Leben unmöglich ist.«

Ist denn Lust nichts anderes als Schmerzlosigkeit?
(3) Dazu sagte Theon: »Darauf werden wir im Verlauf unseres Gesprächs noch zurückkommen, wenn ihr wollt. Jetzt aber werden wir auf das eingehen, was die Epikureer selbst uns bieten: Sie sind doch der Ansicht, dass das Gute mit dem Bauch und mit allen übrigen Poren des Fleisches zu tun hat, durch die die Lust, aber nicht der Schmerz in uns eindringt. Außerdem seien alle guten und klugen Erfindungen gemacht worden, um die Lust des Bauches zu erhöhen, wie der weise Metrodoros[139] einst erklärt hatte. Daraus ergibt sich folgerichtig, mein

Freund, dass sie offensichtlich eine kümmerliche, morsche und unsichere Voraussetzung für das Gute annehmen. Denn sie öffnen dieselben Kanäle, über die sie die Freuden eindringen lassen, auf ähnliche Weise auch für die Schmerzen oder machen vielmehr noch die Freude in nur wenigen, den Schmerz aber in allen Teilen des Körpers spürbar. Denn wie groß ist schon die Lust in den Gliedmaßen, den Sehnen, den Füßen und den Händen, wenn dort wilde und schreckliche Schmerzen hausen, verursacht durch Gicht, Podagra,[140] Rheuma, Krebs und andere Geschwüre, die sich durch das Fleisch fressen und es faulen lassen? Wenn man dem Körper dagegen die süßesten Düfte und Säfte zuführt, wird man merken, dass die Stelle, die eine ›angenehme und liebliche Berührung erfährt‹,[141] ausgesprochen klein ist, während die übrigen Bereiche oft sehr unangenehme Gefühle und Empfindungen auslösen. Kein Körperteil ist gegenüber Feuer, Eisen, Bissen und Hieben gefühllos und unempfindlich gegen Schmerzen. Vielmehr ziehen Hitze, Kälte und Fieber alles andere in Mitleidenschaft, die Freuden aber berühren wie ein erfrischender Lufthauch hier und dort die Oberfläche des Körpers. Sie dauern aber nur kurze Zeit an, da sie wie Sternschnuppen im Fleisch aufleuchten und wieder verlöschen. Ein zuverlässiger Zeuge für den körperlichen Schmerz ist aber der *Philoktet* des Aischylos:

> Die Schlange ließ nämlich nicht los, nachdem sie einmal zugebissen hatte; sie bohrte vielmehr
> ihren furchtbaren Zahn wie einen Stahl in mich hinein und packte meinen Fuß.[142]

Nichts Glattes und sanft Dahinfließendes ist nämlich der Schmerz, und er kratzt und kitzelt auch nicht die anderen Bereiche des Körpers, sondern wie der Same der medischen Pflanze,[143] der vielfach gebogen und hart, wie er ist, in die Erde gelegt wird und sich dort aufgrund seiner Rauheit lange Zeit hält, so krallt sich auch der Schmerz mit seinen Widerhaken und Wurzeln fest, gräbt sich in das Fleisch ein und bleibt dort nicht nur für einige Tage und Nächte, sondern bei manchen Menschen über ganze Jahre und volle Olympiaden und wird allenfalls von anderen Qualen wie von besonders großen Nägeln hinausgetrieben und verdrängt. Wer hat denn schon einmal so lange getrunken oder gegessen, wie die Fieberkranken Durst haben und die Belagerten hungern? Wo dauern Entspannung und Zusammensein mit Freunden so lange, wie die Tyrannen Strafe und Folter dauern lassen? Denn für die Unzulänglichkeit des Körpers und seine Untauglichkeit für ein lustvolles Leben ist dies ein Beweis, dass er eher Schmerzen als sinnliche Lust erträgt und den Schmerzen gegenüber Widerstandskraft und Stärke zeigt, bei der sinnlichen Lust aber schwach ist und schnell genug davon hat. Indem sie aber das lustvolle Leben einfach mit der Schmerzlosigkeit gleichsetzen,[144] lassen sie uns nichts weiter darüber sagen; sie geben ja selbst zu, dass die Lust des Fleisches gering oder eher fast bedeutungslos ist, falls es kein leeres oder anmaßendes Gerede ist, wenn Metrodoros sagt: ›Oft spucken wir auf die körperlichen Lüste‹ und Epikur hinzufügt,[145] dass der Weise oft, wenn es ihm nicht gut gehe, über die exzessiven körperlichen Schmerzen während der Krankheit lache – was nachvollziehbar ist. Wie kann denjenigen, die die körperlichen Schmerzen für derartig bedeutungslos und unerheblich halten, die sinnliche Lust also wichtig sein?

Denn selbst wenn die Freuden an Dauer und Intensität den Schmerzen in nichts nachstehen, stehen sie doch in enger Berührung mit den Schmerzen, und Epikur hat in der Beseitigung des Schmerzhaften das gemeinsame Ziel aller Freuden gesehen, da die Natur die Lust nur bis zur Befreiung vom Schmerz steigert, darüber hinaus aber keine Erhöhung der Intensität, sondern nur noch einzelne nicht notwendige Variationen zulässt, sobald der Zustand der Schmerzlosigkeit erreicht ist. Aber das Verlangen, dieses Ziel zu erreichen, verfliegt zweifellos sehr schnell, wenn die Lust befriedigt ist. Weil sich die Epikureer dieser Beschränktheit bewusst sind, entfernen sie also das höchste Ziel aus dem Körper wie aus einem unfruchtbaren Stück Land und verlagern es in die Seele, als ob sie dort Freude spendende Weiden und Wiesen finden würden.

Aber auf Ithaka gibt es weder breite Wege noch ⟨Wiesen⟩,[146]

und ›angenehm‹[147] ist die Lust gerade auch nicht, die wir in unserem unbedeutenden Stück Fleisch empfinden, sondern beschwerlich und mit lustfeindlichen Schmerzen verbunden.«

Ist denn der Körper die einzige Quelle der Lust?

(4) Da ergriff Zeuxippos das Wort: »Meinst du denn nicht, dass diese Leute den richtigen Weg wählen, wenn sie vom Körper ausgehen, in dem die Lust zuerst empfunden wird, und sich dann der Seele zuwenden, da diese doch der sicherere Ort ist, auf den alles zielt?« – »Ja, beim Zeus, sie gehen durchaus den richtigen Weg«, erwiderte Theon, »und handeln ganz im Sinne der Natur, wenn sie sich der Seele zuwenden und dort wirklich etwas Besseres und Vollkommeneres finden, wie es auch die Philosophen und die Politiker tun. Wenn du sie aber laut bekennen und mit Nachdruck beteuern hörst, dass ihre Seele bei nichts auf der Welt mehr Freude empfinde und Ruhe erfahre als bei körperlichen Genüssen, ob sie nun gerade erlebt oder erst erwartet werden, und dass dies ihr höchstes Gut sei, scheinen sie dir dann nicht ihre Seele als einen Gießer zu benutzen und zu glauben, dass sie die sinnliche Lust, indem sie sie wie Wein, den man aus einem unbrauchbaren und undichten Gefäß in einen neuen Behälter umfüllt und dort reifen lässt, in etwas Ehr-

würdigeres und Wertvolleres verwandeln?[148] Das neue Gefäß schützt gewiss den Wein, dessen feste Bestandteile sich mit der Zeit gesetzt haben, und behält sein Aroma; die Seele dagegen bekommt und bewahrt nur die Erinnerung an die Lust wie an einen Duft und nichts anderes. Denn die Lust gärt im Fleisch und vergeht dann auch wieder, und die Erinnerung an sie ist blass und trübe, als ob jemand die Vorstellung von kalt gewordenem Essen und schalen Getränken in sich ablegte und aufbewahrte und sich damit zufriedengäbe, weil nichts Frisches vorhanden wäre. Sieh doch, wie viel maßvoller die Kyrenaïker[149] sind, obwohl sie aus demselben Becher wie Epikur getrunken haben: Sie glauben, sexuellen Verkehr bei Licht vermeiden und den Schutz der Dunkelheit abwarten zu müssen, damit ihre Gedanken nicht die Bilder der Handlung festhalten, wenn sie für die Augen deutlich sichtbar sind und dann das Verlangen immer wieder aufflackern lassen. Ob die Epikureer[150] aber, wenn sie glauben, der Weise zeichne sich dadurch aus, dass er sich lebhaft erinnere und die lustvollen Vorstellungen, Gefühle und Erregungen in sich bewahre, in Wirklichkeit nichts empfehlen, was der Weisheit würdig ist, weil sie in der Seele wie in einer Lasterhöhle die Spuren der Lust nicht beseitigen, wollen wir nicht erörtern. Dass es aber nicht möglich ist, auf diese Weise ein glückliches Leben zu führen, ist doch ohne weiteres klar.

Ist die Erinnerung an ein körperliches Lustgefühl wirklich etwas wert?

Denn es ist unwahrscheinlich, dass ein Lustgefühl in der Erinnerung groß erscheint, wenn es in Wirklichkeit klein war, und auch nicht, dass sich jemand übermäßig über etwas Vergangenes freut, woran er in dem Augenblick, als es geschah, ein nur mäßiges Interesse hatte, wo doch auch bei denen, die bei leiblichen Genüssen außer sich vor Freude sind, das Lustgefühl nicht noch länger andauert, wenn das Erlebnis vorbei ist. Vielmehr bleiben im Bewusstsein nur der Schatten und der Traum von einer vergangenen Lust, nicht mehr als die Glut eines heftigen Feuers – so wie die Freuden und Genüsse eines Menschen, der im Schlaf Durst oder Liebe spürt, unerfüllt bleiben, aber das Verlangen nach Befriedigung anstacheln. So gibt es dann für diese Leute auch keine lustvolle Erinnerung an tatsächlichen Genuss; vielmehr lässt sie aus einem Rest von undefinierbarem und leerem Vergnügen den Wahnsinn und den Stachel eines offenen Verlangens hervorbrechen, und es ist auch ganz unwahrscheinlich, dass maßvolle und besonnene Menschen bei solchen Gedanken verweilen, indem sie Dinge tun, für die Karneades[151] Epikur zu verspotten pflegte, als ob sie es aus einem Protokollbuch vorlesen würden: ›Wie oft war ich mit Hedeia und Leontion zusammen?‹ Oder ›Wo habe ich Thasischen Wein getrunken?‹ Oder ›An welchem Zwanzigsten des Monats habe ich am ausgiebigsten zu Mittag gegessen?‹ Denn wenn die Seele selbst so leidenschaftlich in Erinnerungen verstrickt und verwickelt ist, dann beweist dies eine gewaltige und tierische Verwirrung und Leidenschaft im Verhältnis zu lustvollen Ereignissen in Gegenwart und Zukunft.

Daher scheinen mir die Epikureer selbst diese Absurdität zu bemerken und in der ›Schmerzlosigkeit‹ und dem ›stabilen Zustand des Fleisches‹[152] ihre Zuflucht zu suchen, als ob das lustvolle Leben darin bestände sich vorzustellen, dass man diesen Zustand erreichen werde und schon erreicht habe. Denn der ›stabile Zustand des Fleisches‹ und die ›sichere Hoffnung‹, diesen zu erhalten, sei für diejenigen, die nachdenken können, die größte und beständigste Freude.

Wie lässt sich denn eine »stabile Lust« mit einem zerbrechlichen Körper gewinnen?

(5) Sieh dir also zuerst an, was sie hier tun, indem sie ihre ›Lust‹, ihre ›Schmerzlosigkeit‹ oder ihren ›stabilen Zustand‹

nach oben und nach unten umlenken – aus dem Körper in die Seele, dann wieder aus der Seele in den Körper; weil sie sie nicht daran hindern können, wieder fortzufließen und wegzugleiten, müssen sie sie an ihren Ursprungsort zurückkehren lassen, und indem sie ›die körperliche Lust‹, wie Epikur sagt, auf die Grundlage ›der seelischen Freude‹ stellen, kommen sie am Ende jedoch immer wieder aufgrund entsprechender Erwartungen von der seelischen Freude zur körperlichen Lust zurück. Wie aber ist es möglich, dass das Gebäude, wenn das Fundament bebt, nicht ebenso bebt? Oder wie kann man mit Hoffnung und Freude an etwas denken, das von so starken Störungen und Veränderungen betroffen ist wie der Körper, der doch nicht nur vielen äußeren Zwängen und Bedrohungen ausgesetzt ist, sondern auch Ursachen des Leidens in sich selbst hat, wie sie keine Vernunft abwenden kann? Denn wenn das so wäre, gäbe es für vernünftige Menschen keinen Harndrang, keine Ruhr, keine Schwindsucht oder Wassersucht; davon war ja Epikur selbst ebenso betroffen wie Polyainos, während Neokles und Agathobulos[153] andere Leiden zum Verhängnis wurden. Wir werfen ihnen dies nicht vor, weil wir wissen, dass auch Pherekydes und Heraklit unter schlimmen Krankheiten litten.[154] Doch wir vertreten die Auffassung, dass sie, wenn sie bereit gewesen wären, zu ihren Leiden zu stehen und sich nicht mit leeren Worten zu rühmen und publikumswirksam und großsprecherisch in Szene zu setzen, nicht den ›stabilen Zustand des Fleisches‹ als Ursprung der Freude angenommen oder behauptet hätten, dass diejenigen, die von übermäßigen Schmerzen und Krankheit betroffen sind, Freude empfinden und ihre Leiden überheblich verachten. Denn der ›stabile Zustand des Fleisches‹ tritt zwar oft ein, aber eine zuverlässige und sichere Hoffnung in allem, was das Fleisch betrifft, kann nicht aus einer vernünftigen Seele erwachsen; sondern wie es laut Aischylos auf dem Meer der Fall ist, dass

> die Nacht einem erfahrenen Seemann sehr große Sorgen bereitet,[155]

und Windstille ebenfalls (denn die Zukunft ist ungewiss), so kann auch eine Seele, die einen guten körperlichen Zustand für das höchste Gut hält, nicht ohne Angst und ohne die Erwartung eines Unwetters existieren. Denn anders als das Meer hat der Körper nicht nur von außen Stürme und Anfechtungen zu bestehen. Viel häufiger und heftiger sind die Störungen, die der Körper aus sich selbst heraus zu erwarten hat, und man kann wohl eher dauerhaft schönes Winterwetter als eine sichere und stabile Freiheit von körperlichen Beschwerden für sich erhoffen. Denn was sonst hat die Dichter dazu veranlasst, alles, was uns betrifft, für zeitlich eng begrenzt, unsicher und vergänglich zu halten und unser Leben mit Blättern zu vergleichen,[156] die im Frühling sprießen und bald wieder verdorren, wenn nicht die Vergänglichkeit, die Anfälligkeit und die Kränklichkeit des Fleisches, dessen höchste Vollkommenheit sie uns sogar zu fürchten und anzuzweifeln nahelegen.

> Denn trügerisch ist es, wenn man sich besonders wohl fühlt,[157]

wie Hippokrates sagt, und nach Euripides

> ist derjenige, der gerade noch strotzte vor Gesundheit, wie ein glänzender Stern plötzlich vom Himmel gestürzt.[158]

Und viele Leute glauben, dass die Jungen und Schönen, wenn sie angegafft werden, durch Verhexung und Neid Schaden nehmen. Denn ihr glänzendes Bild kann sich aufgrund der Anfälligkeit des Körpers sehr schnell ändern.

Darf man überhaupt mit einem schmerzfreien Leben rechnen?
(6) Dass aber überhaupt die Aussichten der Epikureer auf ein schmerzfreies Leben schlecht sind, kann man den Worten entnehmen, die sie an andere richten. Es heißt nämlich bei Epikur, dass diejenigen, die Unrecht tun und die Gesetze übertreten, unglücklich sind und stets in großer Angst leben. Denn auch wenn sie es schaffen, unentdeckt zu bleiben, können sie unmöglich sicher sein, auf Dauer unentdeckt zu bleiben. Daher lastet die Angst vor der Zukunft fortwährend auf ihnen und lässt keine Freude und keine Zuversicht in der jeweiligen Gegenwart aufkommen.[159] Aber sie zielen mit diesen Worten auf sich selbst, ohne es zu merken: Es ist oft möglich, dass man sich in einem guten Zustand befindet und körperlich gesund ist, aber man hat keine Gewissheit, dass es so bleibt. Daraus folgt, dass sie beunruhigt sind und im Blick auf die Zukunft um ihren Körper ständig Angst haben; denn es war bisher unmöglich, dass er ihnen die Hoffnung, die sie hegten, als ›verlässlich und sicher‹ bestätigte. Aber auch wenn man selbst nichts Böses tut, kann man nicht sicher sein. Denn nicht nur das selbst verschuldete Leiden, sondern das Leiden schlechthin weckt Angst, und mit eigenen Untaten zu tun zu haben, ist schlimm, aber von den Verbrechen anderer betroffen zu sein, ist genauso übel. Die Grausamkeit des Lachares[160] war in der Tat für die Athener – und das vergleichbare Verhalten des Dionysios für die Syrakusaner,[161] wenn nicht ein größeres, so doch kein kleineres Übel, als es für die Täter selbst war. Denn indem sie andere in Angst versetzten, gerieten sie selbst in Angst und erwarteten, selbst Schlimmes zu erfahren, weil sie den Leuten, die zufällig in ihrer Reichweite waren,[162] zuvor Unrecht angetan und Leid zugefügt hatten. Warum sollte man noch die Wut der Massen, die Grausamkeiten der Räuber und die Schandtaten der Erbschleicher, weiterhin die verpestete Luft und das Tosen des Meeres erwähnen, von dem Epikur auf einer Reise nach Lampsakos beinahe

verschlungen worden wäre, wie er selbst schreibt? Denn die Natur des Fleisches genügt schon, da es den Stoff, aus dem die Krankheiten erwachsen, in sich hat, und wie es in dem Scherzwort heißt, dass ›die Riemen vom Ochsen‹ stammen, so kommen auch die Schmerzen des Fleisches aus dem Körper, um den schlechten Menschen das Leben ebenso unberechenbar und angstvoll zu machen wie den anständigen – nämlich, wenn sie es gelernt haben, sich allein über das Fleisch und die Erwartungen, die das Fleisch weckt, und über sonst gar nichts zu freuen und seine Erwartungen auf dieses zu gründen, wie es Epikur in vielen anderen Schriften, aber auch besonders in dem Werk *Über das höchste Gut* beschrieben hat.

Kann die Vermeidung des Bösen das höchste Gut sein?

(7) Die Epikureer gehen also nicht nur von einer unzuverlässigen und schwachen, sondern auch einer verächtlichen und bedeutungslosen Voraussetzung für das lustvolle Leben aus, wenn sie die Vermeidung des Schlechten für das Lustvolle und das Gute halten, und sie behaupten, sie könnten es sich nicht vorstellen, dass es anders sei und dass die Natur überhaupt keinen Platz habe, wo sie das Gute sonst hinstellen sollte, wenn nicht dort, wo das Schlechte keinen Platz mehr habe, wie es Metrodoros in seiner Abhandlung *Gegen die Sophisten* erklärt: ›Demnach besteht das Gute gerade darin, dass man dem Schlechten entkommt. Denn das Gute wird nirgendwo einen Platz finden, wenn körperlicher (ἀλγεινόν) und seelischer Schmerz (λυπηρόν) nicht zuvor verschwindet.‹[163] Auch Epikur erklärt auf ähnliche Weise, dass die Natur des Guten aus dem Vermeiden des Schlechten, aus der Erinnerung, aus dem vernünftigen Denken und aus der Dankbarkeit dafür hervorgeht, dass es einem zuteilwurde. ›Wider Erwarten einem großen Übel entkommen zu sein‹, sagt er, ›ist die Ursache einer unübertrefflichen Freude; und das ist die Natur des Guten, wenn man

solche Erlebnisse als das, was sie sind, erfasst und festhält, dann sich nicht verunsichern lässt und nicht sinnlos hin und her überlegt und nicht gedankenlos über das Gute redet.‹ Wie groß ist die Freude und die Seligkeit, die die Menschen genießen, wenn sie sich darüber freuen, frei zu sein von Leid, Trauer und Schmerz! Dürfen sie darauf nicht stolz sein und sagen, was sie ja auch tatsächlich tun, wenn sie sich selbst als unsterblich und göttergleich bezeichnen und in ihrem übermäßigen Glücksgefühl vor Freude in Jubel und wildes Geschrei ausbrechen, weil sie allein, indem sie alles andere geringschätzen, das großartige und göttliche Gut, das heißt, frei zu sein von jedem Übel, entdeckt haben? Darum stehen sie den Schweinen und Schafen an Glück in nichts nach, gehen sie doch davon aus, dass die Glückseligkeit auf dem Fleisch und auch auf der Seele beruht, aber nur dann, wenn diese sich auch hinreichend genug um das Fleisch kümmert. In Wirklichkeit ist es für die höheren und freundlicheren Tiere nicht das letzte Ziel, dem Übel zu entkommen, sondern wenn sie satt sind, wenden sie sich dem Gesang zu und haben ihre Freude daran zu schwimmen und zu fliegen und versuchen in ihrer Freude und Ausgelassenheit, vielerlei Stimmen und Geräusche spielerisch nachzuahmen, gehen freundlich miteinander um und springen umher, und wenn sie dem Übel erst entkommen sind, suchen sie von Natur aus nach dem Guten oder verbannen vielmehr alles Schmerzhafte und Fremde aus ihrem Leben, soweit es sie daran hindert, ihre eigenen Interessen und ein noch höheres Ziel zu verfolgen.[164]

Ist es nicht erbärmlich, Schmerzfreiheit für das höchste Ziel zu halten?

(8) Denn das Notwendige (ἀναγκαῖον) ist kein Gut (ἀγαθόν); vielmehr ist das Erstrebenswerte, Wünschbare und meinetwegen auch Lustvolle und unserem Wesen Entsprechende

mehr als die Befreiung vom Übel, wie Platon sagte,[165] der es ablehnte, die Befreiung von Schmerzen und Unannehmlichkeiten als Freude zu bezeichnen, sondern vielmehr als eine Fehleinschätzung und als eine Vermischung des schon Bekannten und des noch Fremden oder der Farben Weiß und Schwarz, oder wenn man von einem tieferen zu einem höheren Punkt aufsteigt und aus Unwissenheit den höheren Punkt auf halber Höhe schon für den Gipfel und das Ziel hält, weil man den Gipfel nicht kennt – wie es Epikur und Metrodoros passiert, wenn sie die Vermeidung des Bösen schon für das Wesen des Guten und seine höchste Vollendung halten und sich wie freigelassene Sklaven oder entlassene Gefangene freuen, die sich nach ihren Qualen und Züchtigungen genussvoll salben und baden lassen, aber noch nicht die ungebundene, reine, ungetrübte, striemenlose Freude gekostet und erlebt haben. Denn auch wenn das Ekzem auf der Haut und das entzündete Auge unserer Natur nicht entspricht, ist nicht schon deshalb das Kratzen und Wischen eine großartige Sache. Und wenn Schmerzempfindung, Furcht vor Dämonen und Unruhe über die Vorgänge im Hades ein Übel ist, dann heißt das noch nicht, dass ihre Überwindung Glückseligkeit bedeutet und ein bewundernswertes Ziel ist. Vielmehr zeigen diese Epikureer einen nur ganz kleinen und kümmerlich winzigen Raum der Freude, wo sie sich drehen und wenden können, und ihre Freude entfaltet sich nur so weit, bis sie durch die Vorgänge im Hades nicht mehr gestört wird, die leeren Vorstellungen überwindet und dies als Ziel ihrer Weisheit verwirklicht, das – so könnte es scheinen – die vernunftlosen Tiere von selbst erreichen. Denn wenn es für die Beschwerdefreiheit des Körpers keinen Unterschied macht, ob er durch sich selbst oder durch die Natur frei von Schmerzen ist, dann ist es auch für die innere Ruhe (ἀταραξία) kein (großer) Unterschied, ob man es durch eigenes Zutun oder auf natürliche Weise erreicht, keine Unruhe zu spüren. Man könnte sogar mit guten Gründen behaupten, dass die von Natur aus vorhandene Gemütsruhe stärker sei als die durch Übung und Vernunft erreichte. Selbst wenn man annimmt, dass beide gleich stark sind, werden die Epikureer selbst dann den Tieren keinesfalls überlegen sein, wenn sie wegen der Vorgänge im Hades und der Erzählungen von den Göttern nicht beunruhigt werden und keinen Kummer und keine grenzenlosen Schmerzen erwarten. Epikur selbst hat gesagt: ›Wenn uns die Vermutungen über die Himmelserscheinungen und die Vorgänge, die mit dem Tod und den Schmerzen zu tun haben, nicht belasteten, brauchten wir eigentlich auch keine Naturphilosophie.‹[166] In diesem Zusammenhang glaubt er also, seine Lehre könne uns in den Zustand versetzen, in dem sich die Tiere von Natur aus befinden.[167] Denn diese unterstellen weder den Göttern etwas Böses noch werden sie von unbegründeten Meinungen über die Vorgänge nach dem Tod belastet, denken überhaupt nichts Schlimmes von diesen Dingen und wissen auch nichts darüber. Hätten die Epikureer allerdings in ihrer Vorstellung von Gott der Vorsehung Raum gegeben, dann hätten sie Vernunft bewiesen und aus besseren Gründen als die vernunftlosen Lebewesen berechtigte Hoffnungen auf ein lustvolles Leben haben können.[168] Epikur sah gewiss den Zweck seiner Götterlehre darin, die Furcht vor den Göttern zu überwinden und aufzuhören, sich beunruhigen zu lassen. Das ist aber meiner Meinung nach mit größerer Sicherheit zu erreichen, wenn man überhaupt nicht an einen Gott glaubt, statt erst den Glauben vermittelt zu bekommen, dass Gott keinen Schaden anrichtet. Denn wer gar nicht an einen Gott glaubt, braucht auch nicht von Aberglauben befreit zu werden, da er ihm auch nie ausgesetzt war, und er braucht auch nicht von einer beunruhigenden Meinung über die Götter befreit zu werden, weil er nie eine solche hatte. Dasselbe gilt für die Dinge im Hades; denn niemand, weder Mensch noch Tier, erwartet, dass von ihm etwas Gutes kommt. Doch Befürchtungen und Ängste gegenüber den Vorgängen nach dem Tod sind bei denjenigen weniger vorhanden, die gar keine Vorstellung vom Tod haben, als bei denen, die nur annehmen, dass der Tod keine Bedeutung für uns habe.[169] Er hat aber schon dadurch eine Bedeutung auch für diese Menschen, dass sie über ihn nachdenken und Fragen stellen. Dagegen sind die vernunftlosen Tiere vollständig frei davon, über Dinge nachzudenken, die sie nicht betreffen. Wenn sie aber Schlägen, Verletzung und Tötung zu entkommen versuchen, dann fürchten sie am Tod dasselbe, was auch für die Epikureer furchtbar ist.

Was sind aber die Bedingungen wirklicher Freude?
(9) Das sind also die Erkenntnisse, die ihnen ihrer Meinung nach ihre Weisheit vermittelt hat. Jetzt wollen wir uns die Güter ansehen, die sie sich selbst fortnehmen und von denen sie sich selbst entfernen. Was die positiven Empfindungen der Seele aufgrund eines erwarteten und eines tatsächlichen Wohlgefühls des Körpers betrifft, so haben sie, wenn sie maßvoll sind, nichts Großartiges und Bemerkenswertes an sich, wenn sie aber sehr stark sind, erweisen sie sich nicht nur als leer und unstabil, sondern auch als unbeherrscht und zügellos, und man sollte sie nicht mehr als seelische Freuden, sondern als körperliche Genüsse und allenfalls als wohlmeinende Zustimmung und Teilhabe der Seele an der sinnlichen Lust bezeichnen. Die Gefühle aber, die es wirklich verdienen, als Frohsinn und Fröhlichkeit zu gelten, sind frei von ihrem Gegenteil, haben keine Berührung mit schmerzhaften oder todbringenden Qualen und bieten keinen Anlass zur Reue; und das Gute an ihnen gehört der Seele und ist wirklich seelenartig, echt, nicht seelenfremd und auch nicht unvernünftig, sondern im wahrsten Sinne des Wortes vernünftig, weil es aus dem spekulativen und philosophischen oder dem praktischen

und auf das Schöne gerichteten Teil des Verstandes stammt.[170] Die Freuden, die aus jedem dieser beiden Teile hervorgehen, sind so zahlreich und so groß, dass man sie, selbst wenn man es wollte, nicht vollständig aufzählen könnte. Aber um kurz darauf einzugehen – da sind zunächst die Geschichten mit ihren vielen unterhaltsamen Themen, die aber das Verlangen nach Wahrheit stets unbefriedigt lassen, ohne dass man der Freude überdrüssig wird. Darum ist auch die Lüge nicht ohne Reiz; vielmehr steckt auch in bloßen Erfindungen und phantastischen Geschichten, auch wenn sie völlig unglaubwürdig sind, doch ein beträchtliches Maß an Überzeugungskraft.

(10) Denk doch nur daran, wie aufgeregt wir sind, wenn wir Platons Erzählung von Atlantis und den letzten Teil der *Ilias* lesen und unbedingt erfahren wollen, wie die Geschichte ausgeht. Wir stehen dann vor einem solchen Ausgang der Geschichte wie vor dem verschlossenen Tor eines Tempels oder eines Theaters. Aber wir haben ein so sehnsüchtiges und tiefempfundenes Verlangen nach der Wahrheit wie nach dem Leben und dem Dasein selbst, weil sie uns Gewissheit bringt (διὰ τὸ γινώσκειν). Dagegen sind Vergessen, Nichtwissen und Dunkelheit das Traurigste am Tod. Darum wehren sich, bei Gott, beinahe alle Menschen gegen diejenigen, die den Verstorbenen jegliche Wahrnehmungsfähigkeit absprechen, da sie das Sein oder die Freude ausschließlich in dem Teil der Seele sehen, der wahrnehmen und erkennen kann. Denn es ist möglich, dass man sogar denjenigen, die unheilvolle Dinge sagen, mit einer gewissen Lust zuhört, und obwohl wir oft von dem Gesagten beunruhigt werden und darüber weinen, fordern wir sie dennoch auf zu sprechen, wie es in folgenden Worten zum Ausdruck kommt:[171]

> Ach, ich scheue mich, das Schreckliche nur auszusprechen. (Hirt)
> Und ich, es zu hören; aber trotzdem muss ich es hören. (Ödipus)

Aber es scheint, dass die Freude, die wir empfinden, wenn wir die ganze Wahrheit erfahren, grenzenlos ist und eine große Erregung unser Denken gewaltig erfasst. Wenn aber eine Geschichte nichts Schlimmes oder Trauriges enthält und eine Schilderung herrlicher und großartiger Vorgänge dazu noch in einer kraftvollen und anmutigen Ausdrucksweise erfolgt, wie es bei Herodot der Fall ist, wenn er die griechische Geschichte,[172] oder bei Xenophon, wenn er die persische Geschichte[173] erzählt, oder wie es auf ›die wunderbaren Worte‹ zutrifft,

> die der mit göttlichem Wissen begabte Homer vortrug,[174]

und auf die Weltbeschreibung des Eudoxos,[175] die Gründungsgeschichten und Staatsverfassungen[176] des Aristoteles oder die Lebensbeschreibungen des Aristoxenos[177] zutrifft; das Vergnügen, das diese Werke hervorrufen, ist nicht nur groß und vielfältig, sondern auch rein und ohne Reue zu genießen. Wer würde nicht lieber die Erzählung des Odysseus von seinen Irrfahrten[178] hören wollen, statt einfach nur die köstlichen Speisen der Phaiaken[179] zu essen, auch wenn er Hunger hat, und ihren Wein zu trinken, auch wenn er Durst hat? Wer hätte mehr Freude daran, mit der reizendsten Frau zu schlafen[180] als mit der Pantheia des Xenophon,[181] der Timokleia des Aristobulos[182] oder der Thebe des Theopompos[183] wach zu bleiben?

Warum lehnen die Epikureer Bildung und Wissenschaft ab?
(11) Aber alle diese Freuden verbannen die Epikureer aus der Seele, wie sie auch die Freuden verbannen, die aus den wis-

senschaftlichen Untersuchungen erwachsen.[184] Dabei ist das Vergnügen, das wir aus der Geschichte und der Literatur gewinnen, noch verhältnismäßig schlicht und maßvoll, während die Freuden, die aus der Geometrie, der Astronomie und der Harmonik erwachsen, einen heftigen und vielfältigen Reiz auslösen und einem Liebesbann in nichts nachstehen, da sie uns gewissermaßen mit dem Zauber ihrer Figuren heftig anziehen. Sobald man mit den Versen des Sophokles[185] in Berührung gekommen und vertraut ist, wird man sie singen wollen:

> Ein musenverzückter Griff hat mich am Hals gepackt,
> und ich werde überwältigt von der Lyra und den Weisen,
> die Thamyras[186] in unübertrefflicher Vollkommenheit komponiert.

Und bei Gott – da sind auch noch Eudoxos, Aristarch und Archimedes![187]
Denn wenn Menschen, die begeisterte Maler sind, von der Wirklichkeitsnähe ihrer Werke so verzaubert sind, dass Nikias,[188] als er seine *Fahrt in die Unterwelt* malte, seine Diener mehrfach fragte, ob er selbst eigentlich schon zu Mittag gegessen habe, und die 60 Talente, die König Ptolemaios ihm schickte, als das Bild fertig war, zurückwies, weil er das Werk nicht verkaufen wollte – wie hoch schätzen wir dann erst die Freude ein, die Euklid[189] über die Geometrie und die Astronomie empfand, als er seine *Dioptrik* verfasste, und Philippos,[190] als er die Gestalt des Mondes erklärte, und Archimedes, als er mit Hilfe seines Viertelkreises entdeckte, dass die Größenverhältnisse des Sonnenkreises den Größenverhältnissen des ganzen Himmelskreises entsprechen, weiterhin noch Apollonios[191] und Aristarch,[192] als sie andere derartige Entdeckungen machten, deren Anblick und Verständnis allen Interessierten auch heute noch große Freuden und wundervolle Erkenntnisse verschaf-

fen? Aber auf keinen Fall darf man diese mit den Genüssen, die man aus Küchen und Bordellen bezieht, vergleichen, um auf diese Weise nicht den Helikon[193] und die Musen zu beleidigen,

> wo kein Hirt seine Herden weiden zu lassen wagt
> und man noch nie eine Sense geschwungen hat.[194]

Hier sind wirklich die ungestörten Gefilde der Bienen, während jene Plätze[195] den Schweine- und Ziegenställen gleichen, die dem leidenschaftlichen Seelenteil[196] entsprechen. Unser Verlangen nach Lust ist vielfältig und unternehmungslustig. Aber noch nie war jemand nach der Eroberung einer begehrten Frau von Freude so überwältigt, dass er ein Rinderopfer darbrachte, noch betete jemand darum, sofort zu sterben, nachdem er sich den Magen mit königlichem Fleisch und Gebäck gefüllt hatte. Eudoxos aber betete darum, in den Flammen zu sterben wie Phaëthon,[197] wenn er so dicht wie möglich an die Sonne herankomme und den Umriss, die Größe und die Gestalt der Sterne ermitteln könne. Als Pythagoras seinen Lehrsatz gefunden hatte, opferte er, wie Apollodoros berichtet, einen Stier:

> Als Pythagoras seinen berühmten Satz gefunden hatte,
> brachte er dafür ein herrliches Stieropfer dar,

ob es nun der Lehrsatz war, dass die Fläche des Quadrats über der Hypotenuse der Summe des Flächeninhalts aus den beiden Kathetenquadraten gleich ist, oder ob es um den Satz über den Flächeninhalt der Parabel ging. Archimedes zogen seine Diener mit Gewalt von seinen Figuren fort, um ihn mit seinem Pflegeöl einzureiben. Er aber zeichnete sich dabei seine Figuren mit dem Striegel auf den Bauch, und als er in der Badewanne, wie es heißt, aus dem überfließenden Wasser das spezifische

Gewicht der Krone erschloss, sprang er wie ein Besessener oder Wahnsinniger aus der Wanne und schrie: ›Ich habe es gefunden!‹ Während er diese Worte mehrfach wiederholte, lief er fort. Wir haben aber noch nie von jemandem gehört, dass er nach einem guten Essen so begeistert ausrief: ›Ich habe es gegessen!‹ Ich habe aber auch noch nie einen Verliebten schreien hören: ›Ich habe sie geküsst!‹, obwohl es schon immer zahllose Genießer gegeben hat und noch gibt. Wir haben jedoch eine Abneigung gegenüber Leuten, die sich zu enthusiastisch an Mahlzeiten erinnern, da sie sich doch von unbedeutenden und kaum erwähnenswerten Freuden übertrieben begeistern lassen. Mit Eudoxos, Archimedes und Hipparchos[198] können wir mitschwärmen, und wir schließen uns Platons Meinung über die Mathematik an, dass sie sich, auch wenn sie aus Unkenntnis und mangelnder Erfahrung vernachlässigt wird, ›dennoch mit ihrer zauberhaften Schönheit durchsetzen wird‹.[199]

Ist es nicht lustfeindlich, der Lust so enge Grenzen zu setzen?
(12) Die Epikureer jedoch behindern diese so bedeutenden und so großen Freuden wie ewig sprudelnde Quellen, die sie umlenken und diejenigen, die sich ihnen nähern, nicht daraus trinken lassen. Dafür fordern sie sie auf, alle Segel zu setzen und sich davonzumachen, während alle anderen Menschen Pythokles im Namen Epikurs inständig darum bitten, die sogenannte freie Bildung[200] nicht zu fördern. Aber in ihrer großen Bewunderung und übertriebenen Begeisterung für einen gewissen Apelles[201] schreiben sie, er habe sich von Anfang an von der Mathematik ferngehalten und nichts mit ihr zu tun gehabt. Was aber die Geschichtsschreibung betrifft, so werde ich, um ihre sonstige Ignoranz unerwähnt zu lassen, nur die Worte des Metrodoros zitieren, der in seinem Buch *Über die Werke der Dichtkunst* Folgendes schrieb:

> Wenn du behauptest, nicht zu wissen, auf wessen Seite Hektor gekämpft hat, oder die ersten Zeilen des homerischen Epos oder alles, was sonst noch darin steht, nicht zu kennen, dann brauchst du keine Angst zu haben.[202]

Dass aber die körperlichen Freuden wie die etesischen Winde,[203] wenn sie ihre volle Kraft entfaltet haben, auch schnell wieder nachlassen, ist Epikur nicht entgangen. Daher stellt er auch die Frage, ob der Weise, wenn er alt und kraftlos ist, sich noch an den Berührungen und Zärtlichkeiten der Schönen zu freuen imstande ist. Jedenfalls denkt er nicht dasselbe wie Sophokles, der dieser Art von Freude gern entkommen ist, weil er sie als eine wilde und wahnsinnige Despotin verstand.[204] Aber die Genießer müssten sich, wenn sie sehen, dass das Alter viele Freuden unmöglich macht und Aphrodite, wie Euripides meint, die Alten nicht mehr mag, vor allem auf die Freuden beschränken, die den unverderblichen und haltbaren Lebensmitteln vergleichbar sind, wie man sie für eine Belagerung speichert, und dann nach der Erfüllung aller Pflichten in seinem Leben ein großes Fest feiert und sich am Morgen danach eine schöne Zeit macht, indem man sich mit Geschichte und Dichtkunst oder mit musiktheoretischen und geometrischen Fragen befasst. Denn es kämen ihnen jene blinden und zahnlosen Berührungen und Anstrengungen um des zügellosen Lustgewinns willen nicht in den Sinn, wenn sie gelernt hätten, zum Beispiel über Homer und Euripides zu schreiben, wie es Aristoteles, Herakleides und Dikaiarchos[205] taten. Aber da sich die Epikureer, wie ich glaube, nie mit derartigen Themen befasst haben und ihre Lehre auch sonst freudlos und langweilig ist, wie sie es selbst von der Tugendlehre behaupten, und sie auf jeden Fall auf Lustgewinn aus sind, der Körper aber nicht mehr mitmacht, befassen sie sich, wie sie selbst zugeben, mit unwürdigen Dingen, die nicht mehr zu ihrem Lebensalter passen: Sie erinnern sich an frühere Freuden und aus Mangel an Möglichkeiten, neue Freuden zu genießen, blicken sie auf ihre früheren Vergnügungen zurück, was dem Genuss von eingepökeltem Fleisch entspricht, und auf wiederum andere leblose und schon lange verlorene Möglichkeiten der Lust, die sie in ihrem Körper wie die Glut in kalter Asche wieder aufleben und aufflammen lassen. Denn sie haben in ihrer Seele nichts Eigenes, das Lust bereiten könnte und es wert wäre, dass man sich daran erfreute.

Weitere Beispiele für die Lustfeindlichkeit der Epikureer
(13) Nun habe ich ihre übrigen Themen dargestellt, wie sie mir gerade in den Sinn kamen. Aber niemand kann übersehen, selbst wenn er es möchte, auf welche großen Freuden und welchen Lustgewinn die Epikureer mit Epikurs abwegigen und widersprüchlichen Auffassungen und besonders mit ihrer Ablehnung der Musik verzichten. Epikur sagt zwar in seinen *Diaporien*, seiner Schrift über ›Schwierige Fragen‹, der Weise liebe gewiss auch Konzerte und Schauspiele; Rezitationen und Vorführungen im Theater machten ihm mehr Freude als alles andere. Aber für musiktheoretische Fragen und gelehrte Fachsimpeleien habe Epikur nicht einmal bei einem Glas Wein Zeit, und tatsächlich rate er auch kultivierten Königen, während ihrer Trinkgelage lieber Darstellungen von Kriegslisten und primitive Späße über sich ergehen zu lassen, als sich Reden über musiktheoretische und literarische Fragen anzuhören. Das wagte er tatsächlich in seiner Abhandlung über die Königsherrschaft zu schreiben, und es kommt einem so vor, als ob Sardanapal[206] oder Nanaros, der Satrap von Babylon, seine Leser wären. Denn nicht einmal Hieron, Attalos oder Archelaos[207] hätte man dazu überreden können, Euripides, Simonides[208] und Melanippides[209] oder Leute wie Krates und Diodotos[210] aus ihren Symposien zu verbannen und an deren Stelle irgendwelche bezahlte Kriminellen oder primitive Söldner oder Spaß-

macher wie Kallias, Thrasonides und Thrasyleon,[211] die nur maßloses und wildes Beifallsgeheul verursachen können, an ihren Tischen sitzen zu lassen. Wenn aber Ptolemaios, der das Museion gegründet hatte,[212] auf diese schönen, königlichen Empfehlungen gestoßen wäre, hätte er dann nicht gesagt:

> Warum mögen mich denn die Samier[213] nicht, meine Muse?[214]

Denn einem Athener bekommt es schlecht, sich den Musen auf eine solche Weise ⟨wie es Epikur tut⟩ verhasst zu machen und mit ihnen Krieg zu führen. So heißt es doch:[215]

> Alle Wesen, die Zeus nicht liebt, erschrecken, wenn sie den Ruf der Musen hören.[216]

Was meinst du, Epikur? Du gehst ins Theater, um den Kitharisten und den Flötisten zuzuhören. Wenn aber Theophrast während eines Symposions über Symphonien, Aristoxenos über Modulationen und Aristoteles über Homer spricht, hältst du ärgerlich und unmutig mit den Händen deine Ohren zu? Nun, lassen nicht die Epikureer sogar den Skythen Ateas noch musikalischer erscheinen, der versicherte, nachdem der Flötenspieler Ismenias in Gefangenschaft geraten war und während eines Trinkgelages Flöte gespielt hatte, er höre lieber sein Pferd wiehern? Geben sie darüber hinaus nicht zu, einen unerklärten, ungerechten Krieg gegen alles, was schön ist, zu führen, wenn es nicht zugleich noch lustvoll ist? Welche heilige und reine Sache begrüßen und lieben sie? Wäre es aber nicht im Blick auf ein lustvolles Leben angemessener, sich wie die Mistkäfer und Geier vor süßen Düften und Weihrauch zu ekeln, statt das Gespräch der Literaturkritiker und Kunstsachverständigen zu verabscheuen und zu meiden? Denn welche Flöte, welche für den Gesang gestimmte Kithara oder welcher Chor hat, wenn er weithin schallenden, aus geschulten Kehlen ertönenden Klang[217]

hören ließ, Epikur und Metrodoros jemals ebenso erfreut wie Aristoteles, Theophrast, Dikaiarchos[218] und Hieronymos[219] Gespräche über Chöre und Inszenierungen, über Probleme der Tonerzeugung bei Flöten, über Rhythmen und Harmonien? Warum erzeugt zum Beispiel bei gleich langen Flöten die mit dem engeren Rohr einen höheren und die mit dem weniger engen Rohr einen tieferen Ton? Und warum bringt die Syrinx[220] höhere Töne hervor, wenn man sie nach oben hält und sie dann wieder senkt, tiefere Töne, und warum klingt sie dunkler, wenn man sie mit einer anderen zusammen spielt, und wenn man sie für sich allein spielt, heller? Und warum wird in den Theatern der Schall eigentlich gedämpft, wenn man auf die Orchestra Stroh streut? Und wieso widersetzte sich der Baumeister in Pella Alexanders Wunsch, das Proszenium[221] ganz aus Bronze herzustellen? Weil das angeblich die Stimmen der Schauspieler beeinträchtigt? Warum entspannt die chromatische[222] Tonfolge die Zuhörer, während die diatonische sie in Spannung versetzt? Die persönlichen Eigenarten der Dichter aber, ihre Einfälle, ihre unterschiedlichen Rollen, ihre Möglichkeiten, zu Lösungen zu kommen, in denen das Spezifische (von Dichter und Figur: τὸ οἰκεῖον) und das die Illusion der Wirklichkeit Erzeugende (τὸ πιθανόν) ebenso trefflich wie elegant enthalten sind,[223] scheinen mir jenes berühmte Wort Xenophons zu bestätigen, dass bei diesen Fragen der Liebende sogar die Liebe vergisst:[224] So groß ist das Entzücken, das sie hervorrufen.

(14) An dieser Freude haben die Epikureer keinen Anteil und legen auch keinen Wert darauf und wollen damit auch nichts zu tun haben. Aber sie verlegen statt dessen die Fähigkeit zum Denken in den Körper und drücken die Seele mit den Be-

gierden des Fleisches wie mit Gewichten aus Blei nach unten. Darin sind sie nicht besser als Pferdepfleger oder Hirten, die ihren Tieren Heu, Stroh oder irgendwelches Gras hinwerfen, soweit es dazu geeignet ist, ihnen die passende Nahrung zu bieten. Bestehen sie denn auf diese Weise nicht darauf, dass die Seele mit den körperlichen Lüsten wie mit einer Schweineherde zusammenlebt, wobei sie darauf hofft, sich daran freuen zu können, etwas Fleischliches zu erleben oder sich daran zu erinnern, ohne dass es ihr erlaubt ist, etwas Eigenes aus sich selbst heraus als angenehm oder erfreulich zu empfinden und auch danach zu suchen?[225] Was könnte jedoch sinnloser sein als die Ansicht, dass der Mensch aus zweierlei, aus Körper und Seele, besteht, die Seele den Vorrang hat und nur der Körper ein eigenes, natürliches und besonderes Gut besitzt, die Seele aber nicht, sondern einfach nur träge im Körper sitzt, ihn beobachtet, seinen Gefühlen zulächelt, Freude und Leid mit ihm teilt und von Anfang an bewegungslos, gefühllos, wunschlos und ganz ohne eigenes Verlangen und Freude ist? Sie sollten nämlich einfach aufhören, falsche Tatsachen vorzuspiegeln, und den Menschen lieber vollständig zu einem Wesen erklären, das ausschließlich aus Fleisch besteht, wie es einige tun, die der Seele jegliche Substanz absprechen, oder sie müssten ihn aus zwei unterschiedlichen Naturen bestehen lassen, jeder der beiden Naturen ihr spezifisches Gut und das ihr entsprechende Gegenteil zugestehen und dann bestimmen, was ihr gehört und was ihr nicht gehört. Das ist ganz gewiss auch genauso bei den Sinneswahrnehmungen der Fall; jede einzelne ist so beschaffen, dass sie nur das, wofür sie da ist, wahrnehmen kann, auch wenn sie alle innerlich miteinander verbunden sind. Das der Seele eigentümliche Wahrnehmungsorgan ist der Verstand; wenn man ihm aber keinen eigenen Gegenstand, kein Schauen, keine Bewegung oder keine ihm angemessene Empfindung zugestehen wollte, die ihn Freude fühlen lässt, wäre das besonders unvernünftig, falls nicht manche Leute,[226] bei Gott, versehentlich falsche Anschuldigungen gegen die Epikureer erhoben haben.«

Zwischenspiel über Epikurs Widersprüchlichkeit
(15) Und darauf erwiderte ich: »Das ist nun wirklich nicht der Fall, wenn du mich die Entscheidung treffen lässt. Du bist aber von jeder Schuld freigesprochen; deshalb hab keine Angst und fahr mit deiner Darstellung fort.« – »Wie stellst du dir das vor?«, fragte Theon. »Will dann vielleicht Aristodemos die Fortsetzung übernehmen, wenn du zu müde bist?« – »Ja, gern«, entgegnete Aristodemos 〈und zu Theon〉, »falls du zu erschöpft bist wie unser Freund Plutarch hier. Aber eigentlich bist du doch noch ganz munter, du Glücklicher. So streng dich doch ein bisschen an, damit wir dich nicht für einen Schwächling halten müssen!« – »Nun denn«, sagte Theon, »sowieso ist das, was noch zu sagen bleibt, ganz leicht. Es ist nur noch übrig, die vielen Freuden darzustellen, die das praktische Leben bietet.
Die Epikureer sagen doch selbst, dass es angenehmer ist, gut zu handeln als gut behandelt zu werden. Gut zu handeln bedeutet zwar auch – das muss dir klar sein – mit Worten Gutes zu tun; hauptsächlich besteht es aber im Handeln, wie es der Begriff der guten Tat nahelegt und die Epikureer selbst es einräumen. Vor kurzem«, fuhr er fort, »haben wir doch unseren Freund hier[227] sagen hören, was Epikur darüber äußerte und welche Briefe er an seine Freunde sandte, indem er Metrodoros dafür rühmte und pries, wie anständig und vornehm er handelte, als er aus der Stadt zum Hafen ging, um dem Syrer Mithres zu helfen.[228] Aber obwohl er dies tat, konnte er nichts erreichen. Wie groß und umfassend war dann erst die Freude, die Platon empfand, als Dion auf seine Anregung hin Dionysios gestürzt und Sizilien befreit hatte? Oder wie glücklich war Aristoteles, als er seine völlig zerstörte Heimatstadt wieder

aufbauen und ihre Bewohner wieder zurückkehren ließ? Oder erst Theophrast und Phanias,[229] nachdem sie die Tyrannen ihrer Heimatstadt verjagt hatten? Wie vielen Menschen haben sie dann auch noch aus eigenen Mitteln geholfen – aber nicht nur dadurch, dass sie ihnen einen Scheffel Weizen oder Mehl lieferten, wie Epikur es einigen Menschen gegenüber manchmal tat, sondern indem sie die Rückkehr der Verbannten, die Befreiung der Inhaftierten und die Heimführung der Frauen und Kinder zu ihren Angehörigen durchsetzten! Warum sollte man das jetzt erwähnen, da ihr es doch sowieso genau wisst? Aber es ist nicht möglich, auch wenn man es wollte, Epikurs Widersprüchlichkeit unerwähnt zu lassen, wenn er die Leistungen des Themistokles und des Miltiades[230] mit Füßen tritt und verkleinert – und auf der anderen Seite seinen Freunden über sich selbst Folgendes schreibt:

> Ihr habt euch so wunderbar und großartig um mich gekümmert, und indem ihr das Getreide geschickt habt, gabt ihr mir himmlische Zeichen eurer Zuneigung.[231]

Wenn daher jemand das bisschen Getreide in dem Brief des Philosophen streichen würde, dann erweckten die Dankesworte den Eindruck, als ob sie für die Befreiung und die Rettung ganz Griechenlands und der ganzen athenischen Bevölkerung geschrieben worden wären.

Was sind die wirklichen Freuden?

(16) Dass unsere Natur für die körperlichen Freuden vielerlei Hilfsmittel benötigt und die größte Lust nicht von Gerstengrütze und Linsenbrei zu erwarten ist, sondern die Bedürfnisse der Genussmenschen auf saftiges Fleisch, thasischen Wein, duftende Essenzen,

> auf Kuchen und Most, reichlich gemischt mit den Erzeugnissen der summenden Biene[232]

gerichtet sind und außerdem noch auf schöne, junge Frauen, wie Leontion, die ›kleine Löwin‹, Boidion, die ›niedliche Kuh‹, Hedeia, die ›Süße‹, und Nikidion, die ›kleine Siegesgöttin‹, die im ›Garten‹[233] zur Verfügung standen, wollen wir beiseitelassen. Nach allgemeiner Auffassung ist es allerdings nötig, dass die Freuden der Seele wirklich nur von der Größe erwähnenswerter Leistungen ausgehen, falls sie nicht bedeutungslos, unwürdig und kindisch, sondern gewichtig, nachhaltig und eindrucksvoll sein sollen. Wenn jemand nach Art der Seeleute, die das Fest der Aphrodite feiern,[234] über das rechte Maß hinausschoss, um den Genuss auszukosten, und stolz darauf war, dass man,

> obwohl man an Wassersucht litt, seine Freunde zu irgendwelchen gemeinsamen Gelagen einlud und trotz der Wassersucht nicht darauf verzichtete, Flüssigkeiten zu sich zu nehmen, und man sich selbst in Erinnerung an die letzten Worte des Neokles[235] durch die eigenartige, mit Tränen vermischte Lust erheblich schwächte[236] –

dann würde niemand dieses Verhalten als ›echte Fröhlichkeit‹ oder ›wirkliches Vergnügen‹ geistig gesunder Menschen bezeichnen, sondern wenn es auch ein sardonisches Gelächter[237] der Seele gibt, dann ist es hier bei dieser zwanghaften Fröhlichkeit und diesen tränenvollen Lachkrämpfen angebracht. Wenn aber jemand dieses Verhalten wirklich ›Fröhlichkeit‹ und ›Vergnügen‹ nennen will, dann vergleiche er es mit der Größe der Freude, die in diesen Worten zum Ausdruck kommt:

> Durch meine Strategie verlor Sparta seinen Ruhm

und

> Hier, Fremder, stand Roms großer Stern

und

> Ich weiß nicht, ob ich dich als einen Gott oder einen Menschen befragen soll.[238]

Wenn ich mir aber dann noch die Heldentaten des Thrasybulos und des Pelopidas[239] vor Augen führe, mich an Aristeides bei Plataiai[240] oder an Miltiades bei Marathon[241] erinnere, dann ›sehe ich mich gezwungen‹, um mit Herodot zu sprechen, ›offen meine Meinung zu sagen‹,[242] dass in einem Leben der Leistung die Freude darüber größer ist als die Leistung selbst. Das beweist mir auch Epameinondas mit den Worten, es sei für ihn, wie es heißt, die größte Freude gewesen, dass seine Eltern seinen Sieg bei Leuktra erlebt hätten, als er Heerführer war.[243] Vergleichen wir nur die Mutter des Epameinondas mit Epikurs Mutter, die sich darüber freute, als sie ihren Sohn in seinem Gärtchen verschwinden und zusammen mit Polyainos mit einer Hetäre aus Kyzikos eine Familie gründen sah. Wie sich dann die Mutter und die Schwester des Metrodoros übermäßig freuten über seine Ehe und seine ›Einsprüche‹ gegen seinen Bruder, ist doch wohl aus seinen Schriften hinreichend bekannt. Aber sie schreien es heraus und erklären, dass sie ein lustvolles Leben haben, darin schwelgen und ihre eigene Lebensweise nur preisen können. Doch auch wenn die Sklaven das Kronosfest[244] feiern oder an den Dionysien auf dem Land herumziehen, kann man das Jubeln und Lärmen nicht aushalten, wenn sie vor Freude und Ausgelassenheit Dinge wie diese tun und singen:

»Warum bleibst du sitzen? Wir wollen trinken! Gibt es etwa nicht
genug zu essen? Du armer Kerl, mach dir doch nichts vor!«
Sie brachen sofort in lautes Geschrei aus, und es wurde Wein gemischt.
Und mancher brachte einen Kranz mit und setzte ihn auf.
Phoibus Apollo wurde in derben Weisen gepriesen,
wobei man mit schönem Lorbeer wedelte und falsche Töne sang.
Dann hämmerte man gegen das Hoftor und verlangte grölend nach einem Mädchen.[245]

Gleichen diesen Worten nicht die Worte, die Metrodoros an seinen Bruder schrieb?

Wir brauchen die Griechen nicht zu retten und von ihnen auch keinen Kranz für unsere Weisheit zu bekommen, sondern nur zu essen und Wein zu trinken, mein lieber Timokrates, zur Freude des Bauches und ohne Schaden für ihn.[246]

Und dann sagt er wieder irgendwo in demselben Brief:

Es machte mich glücklich und zuversichtlich, dass ich von Epikur gelernt habe, den Bauch richtig zu bedienen.[247]

Und weiter:

Am Bauch nämlich zeigt sich, was gut ist, mein naturkundiger Timokrates.[248]

Die epikureischen Freuden sind egoistisch, tatsächliche Freuden sind philanthropisch

(17) Und überhaupt: Diese Leute umreißen und begrenzen tatsächlich mit dem Bauch die Größe der Lust wie mit einem Zirkel, aber eine herrliche, königliche Freude zu empfinden, eine Freude, die zu hohem Denken veranlasst und eine Helligkeit und Heiterkeit vermittelt, die sich wirklich auch über alle Menschen verbreitet, bleibt den Leuten versagt, die ein zurückgezogenes und unpolitisches Leben auf sich nehmen, in dem es kein Interesse an anderen Menschen, keine echte Begeisterung und keine göttlichen Gedanken gibt. Denn die Seele ist nichts Armseliges, nichts Geringwertiges, nichts Gemeines, und sie richtet ihre Wünsche nicht wie die Polypen ihre Fangarme auf Essbares, sondern eine sehr rasche Sättigung beseitigt dieses Bedürfnis, das ja auch nur ganz kurz wirksam war, während für den Drang zum Schönen und zu dankbarer Anerkennung der hervorragenden Leistung

> die Lebenszeit nicht ausreicht,[249]

sondern der ewig währende Ehrgeiz und die dauernde Liebe zu den Menschen entsprechen den Werken und den Äußerungen der Dankbarkeit, die eine unbeschreibliche Freude mit sich bringen und denen sich der Tüchtige, auch wenn er es versucht, nicht entziehen kann, weil man sie ihm von überall her entgegenbringt und ihn damit überschüttet, wenn er vielen Menschen freudig Gutes tut, und

> wenn er zur Stadt hinaufgeht, sehen sie ihn an wie einen Gott.[250]

Denn wer auf diese Weise andere dazu gebracht hat, fröhlich zu sein und sich zu freuen und den Wunsch zu haben, ihn anzufassen und anzusprechen, bei dem ist es auch für einen Blinden erkennbar, dass er eine große Freude in sich fühlt und sie als Früchte seiner Arbeit genießt. Daher werden diese Menschen auch nicht müde und geben nicht auf, anderen nützlich zu sein, sondern wir hören solche Worte über sie:

> Dein Vater hat mit dir jemanden gezeugt, der für andere Menschen sehr wertvoll ist,

und

> lasst uns niemals aufhören, Menschen Gutes zu tun![251]

Warum ist es denn überhaupt nötig, über besonders tüchtige Menschen zu reden? Denn wenn ein Herrscher, egal ob Gott oder König, einem Menschen mit ganz normalen Schwächen angesichts des Todes noch eine einzige Stunde schenken würde, damit er sie für eine gute Tat oder für einen besonderen Lustgewinn nutze, um anschließend zu sterben – wer wollte in dieser Zeitspanne lieber mit Laïs[252] zusammen sein und den köstlichsten Wein trinken, als einen Archias[253] töten und Theben befreien? Ich glaube, niemand. Denn ich sehe sogar, dass unter den Gladiatoren diejenigen, die nicht ganz verrohte Bestien, sondern Griechen sind, wenn sie sich anschicken, in die Arena zu gehen, und vor ihnen viele köstliche Speisen stehen, in diesem Augenblick lieber ihren Freunden ihre Frauen anvertrauen und ihre Sklaven freilassen, statt leiblichen Genüssen zu frönen.

Aber wenn es irgendetwas Wertvolles im Zusammenhang mit den körperlichen Freuden gibt, dann ist es doch wohl das, was allen aktiven Menschen gemeinsam ist. Denn sie nehmen Nahrung zu sich, trinken funkelnden Wein, speisen zusammen mit ihren Freunden und tun dies viel lieber, denke ich, wenn sie

ihre Kämpfe bestanden und ihre Taten vollbracht haben, wie es bei Alexander und Agesilaos[254] und, mein Gott, auch bei Phokion und Epameinondas[255] der Fall war, als im Anschluss an ihre Körperpflege am wärmenden Feuer und wenn sie sich, wie es bei den Epikureern üblich war, in ihren Tragsesseln haben herumschaukeln lassen.[256]
Aktive Menschen verachten aber diese Freuden, weil sie mit den eben genannten größeren Freuden leben. Denn warum sollte man überhaupt noch erwähnen, dass Epameinondas nichts essen wollte, als er sah, dass die Mahlzeit aufwendiger war, als es das Vermögen seines Freundes zuließ, wobei er zu ihm sagte:

> Ich dachte, du bringst ein Opfer dar und veranstaltest kein maßloses Schlemmermahl?[257]

Warum sollte man daran erinnern, dass Alexander Adas[258] Köche verjagte und dazu sagte, er habe bessere Köche: für sein Frühstück den Nachtmarsch und für die Hauptmahlzeit ein leichtes Frühstück. Und Alexander hätte von Philoxenos[259] beinahe verlangt, sein Amt als Statthalter niederzulegen, als er brieflich anfragte, ob er Lustknaben kaufen solle. Doch wem wäre es denn eher möglich gewesen? Aber was Hippokrates über zwei Schmerzen sagte, dass der schwächere von dem stärkeren überdeckt werde, gilt auch für die Freuden: Die Freuden des aktiven und ehrgeizigen Lebens sind so strahlend und herrlich, dass sie die körperlichen Freuden verblassen und verlöschen lassen.

Kann denn die Erinnerung an frühere Freuden überhaupt ein Mittel gegen den Schmerz sein?
(18) Selbst wenn die Epikureer behaupten, die Erinnerung an schöne Erfahrungen aus der Vergangenheit habe die größte

Bedeutung für ein lustvolles Leben, so dürfte doch nicht einmal ein Einziger von uns Epikur glauben, dass jemand, der mit heftigsten Schmerzen und Qualen im Sterben liegt, mit der Erinnerung an früher genossene Freuden (μνήμη ἡδονῶν) Trost fände; denn man könnte eher das Spiegelbild eines Gesichts in aufgewühltem Brunnenwasser oder bei hohem Wellengang auf dem Meer erkennen als die lächelnde Erinnerung an ein Gefühl der Freude wachrufen angesichts einer so gewaltigen Störung und Zerrüttung des Körpers! Die Erinnerung an eigene Leistungen (μνήμη πραξέων) kann dagegen niemand, auch wenn er es wollte, aus seinem Bewusstsein verbannen. Denn wann oder wie wäre es möglich gewesen, dass Alexander Arbela vergessen hätte,[260] Pelopidas den Leontiades[261] oder Themistokles Salamis?[262] Die Athener feiern noch heute die Schlacht bei Marathon, die Thebaner ihren Sieg bei Leuktra und wir selbst, bei Gott, den Sieg des Daïphantos bei Hyampolis,[263] wie ihr wisst. Überall in Phokis[264] finden dann Opfer und Ehrungen statt, und es ist keiner unter uns, der sich über das, was er bei diesen Feierlichkeiten aß und trank, so sehr freute wie über die großen Taten jener Helden. Man kann daraus schließen, wie groß die Fröhlichkeit, die Freude und das Entzücken waren, die in den Herzen der Menschen selbst lebten, die diese Taten vollbrachten: Die Erinnerung daran hat auch nach 500 Jahren und mehr nicht aufgehört, immer wieder Freude zu wecken.

Tatsächlich räumte Epikur ein, dass ›man auch aus öffentlicher Anerkennung manche Freude gewinnen‹ könne.[265] Warum hätte er das auch nicht zugeben sollen, wo er doch selbst so wahnsinnig verrückt war nach Ruhm, dass er nicht nur seine Lehrer verleugnete und sich mit Demokrit – dem er Wort für Wort seine Lehrmeinungen stahl – über Silben und Zeichen zankte, und dass er weiterhin behauptete, außer ihm selbst und seinen Schülern sei niemand jemals weise gewesen? Ja, dass er aufschrieb, wie Kolotes bei einem Vortrag über Naturphilosophie sich vor ihm ehrfurchtsvoll zu Boden warf und seine Knie umfasste, sowie dass sein Bruder Neokles erzählte, es habe, als Epikur noch ein Kind war, nie einen weiseren Menschen gegeben als ihn und es gebe auch keinen? Und dass seine Mutter solche Atome in sich hatte, die in ihrer besonderen Verbindung nur einen Weisen hätten hervorbringen können? Wie Kallikratidas behauptete, Konon[266] treibe Ehebruch mit Thalassa, dem Meer, so könnte man auch sagen, Epikur habe schamhaft und heimlich versucht, Doxa, die Anerkennung, zu verführen und zu vergewaltigen, weil er sie nicht öffentlich bekommen konnte, aber doch begehrte und nach ihr verlangte? Denn wie der Körper, wenn er keine Nahrung bekommt, vom Hunger gezwungen wird, auf unnatürliche Weise von seiner eigenen Substanz zu zehren, so erzeugt die Ruhmsucht ein ähnliches Übel in der Seele, wenn Menschen, die gierig nach Lob sind, es aber nicht bekommen, sich selbst loben.

Ist öffentliche Anerkennung etwa kein Grund zur Freude?
(19) Aber wenn Menschen Lob und öffentliche Anerkennung so heftig begehren, geben sie dann nicht zu, dass sie aus Schwäche oder Unfähigkeit auf große Freuden verzichten, wenn sie öffentliche Funktionen, politische Betätigung und freundschaftliche Beziehungen zu Königen meiden, woraus doch alles Großartige und Herrliche in unserem Leben hervorgeht, wie Demokrit[267] sagte? Denn jemand wie Epikur, der das Zeugnis des Neokles und die Verehrung des Kolotes so wichtig nahm und so schätzte, hätte wohl niemandem weismachen können, er hätte sich nicht, wenn er von den Griechen in Olympia gefeiert worden wäre, wahnsinnig gefreut und wäre in Jubelgeschrei ausgebrochen oder vielmehr noch vor Freude in die Luft gesprungen,

> vergleichbar dem Bart einer trockenen Distel bei einem Windstoß,[268]

wie Sophokles es ausdrückt. Wenn es Lust bereitet, berühmt zu sein, dann bereitet das Gegenteil doch wohl Schmerz. Nichts aber ist weniger ruhmvoll, als keine Freunde zu haben, tatenlos zu sein, nicht an Gott zu glauben, im Luxus zu leben und nichts für wertvoll zu halten. Alle Menschen außer den Epikureern selbst glauben, dass dies auf die epikureische Sekte zutrifft. ›Zu Unrecht‹, wird man sagen. Doch in diesem Fall haben wir es eben nur mit der öffentlichen Meinung, nicht mit der Wahrheit zu tun. Wir wollen nicht auf ihre Schriften und auch nicht auf die diskriminierenden Beschlüsse eingehen, die manche Städte gegen sie verfasst haben. Denn das wäre gehässig. Wenn aber Orakel, die Deutung göttlicher Zeichen, die Fürsorge der Götter, die Liebe der Eltern zu ihren Kindern, die politische Verfassung, Führung und Herrschaft Bedeutung haben und Beachtung finden, muss man Menschen für ruhmlos und schlecht halten, die behaupten, dass es nicht notwendig sei, Griechenland zu retten, sondern nur zu essen und zu trinken, solange der Bauch keinen Schaden nimmt, und nur darauf zu achten, dass es einem schmecke. Da die Epikureer aber so eingeschätzt werden, muss man davon ausgehen, dass sie erbärmlich leben und unglücklich sind, jedenfalls wenn sie die hohe Leistung und die öffentliche Anerkennung an sich für etwas Erfreuliches halten.«

Ist es noch menschlich, von Schmerz und Angst frei sein zu wollen?

(20) Nachdem Theon dies gesagt hatte, beschlossen wir, unseren Rundgang zu beenden, und setzten uns wie gewöhnlich auf die Bänke. Für eine kurze Zeit dachten wir schweigend über seine Worte nach. Dann fragte Zeuxippos, nachdem er

sich über die vorgebrachten Argumente seine Gedanken gemacht hatte: »Wer kann das Gespräch über die noch offenen Fragen fortsetzen? Denn mit seinem Hinweis auf die Wahrsagekunst und die göttliche Fürsorge hat Theon seine Ausführungen noch nicht hinreichend abgeschlossen. Die Epikureer behaupten nämlich, dass bei ihnen die Auseinandersetzung mit diesen Themen eine besonders große Bedeutung für die Vermittlung von Freude, heiterer Gelassenheit und Lebensmut habe. Demnach ist es unerlässlich, auch noch darüber zu reden.« Da ergriff Aristodemos das Wort: »Was die Lust angeht, so trifft die epikureische Lehre gewiss das Richtige und befreit den Menschen von Furcht und Aberglauben, aber Frohsinn (εὐφροσύνη) und innere Fröhlichkeit (χαρά), wie sie uns von den Göttern geschenkt werden, kann sie nicht vermitteln. Mit ihrer Verdrängung von Angst und wahrer Freude bringt sie uns vielmehr dazu, dass wir zu den Göttern dasselbe Verhältnis gewinnen, wie wir es zu den Hyrkaniern und Skythen haben, von denen wir weder Gutes noch Schlechtes erwarten. Wenn wir aber unsere bisherigen Ausführungen noch erweitern müssen, dann glaube ich, wir können von den Epikureern selbst die folgenden Gedanken übernehmen: Sie bekämpfen diejenigen, die das Trauern, Weinen und Seufzen über den Tod geliebter Menschen ablehnen,[269] und sagen zugleich, dass der bis zur Empfindungslosigkeit getriebene Verzicht auf Trauer auf ein anderes und viel schlimmeres Übel zurückzuführen sei: auf Unmenschlichkeit, maßlose Eitelkeit und Geisteskrankheit. Darum sei es besser, ein wenig zu leiden, sich dem Schmerz hinzugeben und, bei Gott, auch Tränen fließen zu lassen und zu trauern und all die Gefühle zu zeigen, die sie sonst empfinden und beschreiben und mit denen sie sich als zartfühlend und liebenswürdig erweisen. Denn dies hat Epikur sowohl an vielen anderen Stellen gesagt als auch in einem Brief über den Tod des Hegesianax an Sositheos, den Vater, und Pyrson, den

Bruder des Verstorbenen. Ich habe nämlich vor kurzem zufällig Epikurs Briefe gelesen. Und in Anlehnung an diese Gedanken erkläre ich, dass Gottlosigkeit (ἀθεότης) kein geringeres Übel ist als Unmenschlichkeit und Selbstherrlichkeit, zu der uns diejenigen verleiten, die der Gottheit mit dem Zorn auch die Güte absprechen.[270] Denn es ist besser, dass mit unserem Glauben an die Götter das Gefühl der Achtung und Furcht eng verbunden bleibt, als dass wir diese Empfindungen ausschalten und uns zugleich die Hoffnung auf das Wohlwollen der Götter und das Vertrauen zerstören, dass das Gute Bestand hat, und uns die Zuflucht zu den Göttern verbauen, wenn es uns schlecht geht.

Welche Folgen hat der Verlust des Glaubens an die Götter?
(21) Es ist nun gewiss notwendig, den Aberglauben wie eine Augentrübung aus unserem Glauben an die Götter zu entfernen. Sollte dies aber unmöglich sein, dürfen wir nicht beides zugleich beseitigen und den Glauben an die Götter, den die meisten Menschen besitzen, nicht blind werden lassen. Dieser ist keine so furchterregende oder finstere Angelegenheit, wie die Epikureer es unterstellen, wenn sie die Vorsehung wie einen Kinderschreck in Gestalt einer bösen Hexe oder eines grausamen Rachegeistes aus der Tragödie über unseren Köpfen schweben lassen. Gewiss fürchten sich einige Menschen vor Gott, für die es aber nicht vorteilhafter wäre, wenn sie sich nicht fürchteten. Denn wenn sie ihn auch wie einen Herrn, der den anständigen Menschen freundlich, den Verbrechern aber feindlich gesinnt ist, mit nur dieser einzigen Angst fürchten, die sie davor abschreckt, Unrecht zu tun, so werden sie doch von vielen anderen Ängsten befreit, die aus dem Unrechttun entstehen, und weil sie ihren Hang zum Bösen in sich unterdrücken und beherrschen, quälen sie sich weniger als diejenigen, die das Böse einfach herauslassen, ohne sich

zu scheuen, dann aber sofort Angst bekommen und alles bereuen.
Doch die Einstellung der meisten Unwissenden und nicht ganz Verdorbenen gegenüber Gott ist von einer gewissen mit Ehrfurcht und Achtung vermischten Unruhe und Angst geprägt, die man auch als Aberglauben bezeichnet.
Tausendmal größer und stärker aber als die Angst ist die mit dieser Einstellung verbundene frohe Hoffnung, die freudige Erwartung, das Bitten um Glück und die Überzeugung, dass man es den Göttern verdankt. Dafür gibt es die stärksten Beweise: Kein anderer Aufenthalt bereitet uns mehr Freude als der Aufenthalt in einem Tempel, keine Gelegenheit mehr als das Feiern von Festen, keine Handlung und kein Anblick mehr als das, was wir sehen oder selbst im Rahmen des Gottesdienstes vollziehen, indem wir rituelle Handlungen durchführen, tanzen oder an Opfern und religiösen Feiern teilnehmen. Denn unter diesen Bedingungen ist unsere Seele nicht schmerzerfüllt, bedrückt und mutlos, wie es in Gegenwart von Gewaltherrschern oder furchtbaren Richtern doch wohl der Fall ist. Wo aber die Seele wirklich glaubt und sich bewusst ist, dass Gott anwesend ist, da weist sie alle Erscheinungsformen des Schmerzes, der Angst und der Sorge von sich und gibt sich selbst der Freude hin, die im Rausch, im Scherz und im Lachen ihren Höhepunkt erreicht. So ist es zwar auch in der Liebe, wie es der Dichter ausgedrückt hat:[271]

> Wenn sich ein Alter und eine Alte an die goldene Aphrodite erinnern, ist das auch für sie noch ein erhebendes Gefühl.

Aber bei Festzügen und Opferhandlungen haben nicht nur ›ein alter Mann und eine alte Frau‹ und nicht nur ein Armer und ein Gemeiner, sondern

> sogar eine mahlende Frau, die mit ihren kräftigen Schenkeln ihre Mühle antreibt,[272]

die Sklaven im Haus und die Landarbeiter das erhebende Gefühl der Freude und Fröhlichkeit. Reiche Leute und Herrscher nehmen zwar dauernd an irgendwelchen Gastmählern und opulenten Gelagen teil; wenn diese aber in Zusammenhang mit religiösen Festen und Opferhandlungen stattfinden und die Menschen glauben, dass sie mit ihren Gedanken in eine ganz besondere Nähe zu Gott treten, indem sie ihn ehren und ehrfürchtig anbeten, dann empfinden sie eine außerordentliche Freude[273] und haben ein sehr gutes Gefühl dabei. Dieses Gefühl hat kein Mensch, der nicht an Gottes Güte glaubt. Denn nicht die Menge des Weines und auch nicht das gebratene Fleisch sind der Grund für die Freude bei den Festen, sondern die große Zuversicht und der Glaube, dass es einen gütigen Gott gibt und dass er alles, was geschieht, gnädig entgegennimmt. Denn während wir auf die Flöte und den Kranz bei manchen Festen verzichten können, ist alles, was sonst noch übrig bleibt, wenn Gott als der Empfänger des Opfers in der heiligen Handlung nicht gegenwärtig ist, gottlos und ganz ohne Feierlichkeit und Begeisterung und ganz zweifellos für jeden, der nicht an Gott glaubt, äußerst unerfreulich und traurig; er heuchelt nämlich aus Angst vor den Leuten, wenn er Gebete spricht und sich zu Boden wirft, ohne ein inneres Bedürfnis danach zu haben, und sagt Dinge, die im Gegensatz zu seiner Philosophie stehen. Und während der Opferzeremonie steht er neben dem opfernden Priester wie neben einem Schlachter; nach der Zeremonie entfernt er sich mit Menanders Worten:

> Ich habe Göttern geopfert, die sich gar nicht um mich kümmern.[274]

So nämlich, meint Epikur, müsse man sich verstellen, um die Leute nicht vor den Kopf zu stoßen und ihren Hass zu wecken, wenn man offen missbillige, worüber andere sich freuen, wenn sie es tun.

> Denn jeder Zwang ist eine unangenehme Sache,[275]

wie es bei dem Dichter Euenos heißt. Insofern meinen die Epikureer auch, dass die Gläubigen nicht aus Freude, sondern aus Furcht an Opfern und religiösen Feiern teilnehmen; sie selbst unterscheiden sich hierin in nichts von jenen Gläubigen, wenn sie aus Angst dasselbe tun, wobei sie jedoch keine tröstliche Hoffnung finden, sondern nur ängstlich und besorgt sind, dass die Leute es merken könnten, wenn sie sie täuschen und betrügen. Für diese haben sie auch ihre Bücher über die Götter und über die Frömmigkeit geschrieben, in denen sie

> lauter verdrehtes Zeug und nichts Verständliches, sondern völlig Unerklärliches[276]

von sich geben, um sich zu tarnen und ängstlich zu verhüllen, welche Meinungen sie in Wirklichkeit vertreten.

Wozu ist der Glaube an einen gütigen Gott nützlich?
(22) Nachdem wir nun von den Bösartigen und der großen Menge gehandelt haben,[277] wollen wir an dritter Stelle die besseren und besonders gottesfürchtigen Menschen betrachten und sehen, wie groß ihre Freuden sind, da sie völlig unantastbare Auffassungen von Gott haben: Dass Gott uns nämlich einerseits zu allen Gütern geleitet, andererseits der Vater aller schönen Dinge ist und nichts Schlechtes tun oder erleiden kann. ›Er ist nämlich gut, und in einem Guten entsteht kein Neid auf etwas‹,[278] keine Angst und kein Zorn oder Hass. Denn

wie es nicht die Wirkung des Warmen ist, Kälte zu erzeugen, sondern eben nur zu wärmen, so ist es auch nicht die Wirkung des Guten, Schaden anzurichten. Und Zorn ist von Natur aus am weitesten entfernt von liebevoller Zuwendung, Groll von Wohlwollen, Hass und Verbreitung von Schrecken von Menschenliebe und Freundlichkeit. Denn das eine beweist Kraft und Stärke, das andere Schwäche und Minderwertigkeit. Das Göttliche vereinigt in sich also nicht ›Zorn‹ und ›Nachsicht‹, sondern es hat die Eigenschaft, ausschließlich Nachsicht zu zeigen und zu helfen, nicht aber zu zürnen und Böses zu verursachen. Vielmehr ›führt der große Zeus, der alles ordnet und für alles sorgt, die Gespanne der Götter an.‹[279] Unter den anderen Göttern hat einer die Aufgabe zu ›schenken‹, ein anderer, ›freundlich zu sein‹, und ein dritter, ›Böses abzuwenden‹. Apollon aber, wie Pindar sagt,[280]

hat die Aufgabe, freundlich zu sein zu den Menschen.

Alles aber gehört nach Diogenes den Göttern,[281] und Freunden ist alles gemeinsam; gute Menschen sind Freunde der Götter, und es ist unmöglich, dass es einem Freund der Götter nicht gut geht oder dass der Vernünftige und Gerechte kein Freund der Götter ist. Glaubst du, dass diejenigen, die die göttliche Vorsehung leugnen, noch irgendeine andere Strafe brauchen, da sie doch schon genug bestraft sind, wenn sie sich selbst eine so große Freude und Fröhlichkeit versagen, wie sie denen zuteilwird, die eine solche Einstellung zu den Göttern haben? Oder gaben Leute wie Metrodoros, Polyainos und Aristobulos Epikur einen Anlass zu ›Ermutigung‹ und ›Fröhlichkeit‹? Die meisten von ihnen hat er doch nur immer wieder gepflegt, wenn sie krank waren, oder betrauert, wenn sie starben. Lykurg jedoch, der von der Pythia bezeichnet wurde als

> Freund des Zeus und aller anderen Götter, die den Olymp bewohnen,[282]

und Sokrates, der glaubte, dass das Daimonion aus göttlicher Gnade zu ihm spreche, und Pindar, der hörte, dass Pan eines der Lieder sang, die er selbst komponiert hatte – haben diese Männer sich denn wirklich nur wenig darüber gefreut? Oder Phormion,[283] der die Dioskuren zu bewirten glaubte, oder Sophokles, der selbst davon überzeugt war, Asklepios als Gast empfangen zu haben, und auch wegen der tatsächlich erfolgten Erscheinung des Gottes von anderen bestätigt wurde? Was aber Hermogenes über die Götter dachte, sollte man wörtlich zitieren:[284] ›Die Götter nun‹, sagte er,

> die alles wissen und alles können, sind so sehr meine Freunde, dass sie mich niemals, weder bei Tag noch bei Nacht, aus den Augen verlieren, weil sie sich um mich kümmern, wohin ich auch gehe oder was auch immer ich zu tun vorhabe. Und weil sie schon vorher wissen, wohin jede Handlung führen wird, geben sie mir Hinweise, indem sie mir Weissagungen, Träume und Vorzeichen als Botschaften schicken.

(23) Es ist also anzunehmen, dass alles, was von den Göttern kommt, auch gut ist. Allein die Tatsache, dass dies durch Einwirkung der Götter geschieht, ruft an sich schon große Freude hervor, erzeugt grenzenlose Zuversicht, ein Hochgefühl und eine Heiterkeit, die wie ein Sonnenstrahl auf die Guten fällt. Diejenigen, die das anders sehen, nehmen dem Glück seine erfreulichste Seite und können sich im Unglück nicht wehren; sie sehen vielmehr nur einen einzigen Fluchtweg und einen einzigen Hafen, wenn es ihnen schlecht geht: Auflösung und Empfindungslosigkeit. Das ist genau so, als ob sich jemand auf

dem Meer bei Sturm hinstellen und uns Mut machen wollte, indem er sagte, das Schiff habe keinen Steuermann und die Dioskuren[285] würden uns auch nicht zu Hilfe kommen,

> um die gewaltig anstürmende See
> und die jähen Sturmböen zu besänftigen.[286]

Dennoch habe man nichts zu befürchten, außer dass das Schiff jeden Augenblick vom Meer verschlungen oder gleich auf Klippen stoßen und zerschellen könne. Das sind nämlich die Worte der Epikureer bei heftigen Krankheiten und übermäßigen Qualen:
›Erwartest du wegen deiner Frömmigkeit etwas Gutes von den Göttern‹ ⟨so sprechen die Epikureer⟩? ›Du machst dir wirklich Illusionen! Das glückliche und unvergängliche Wesen hat weder mit Zornausbrüchen noch mit Zuneigung zu tun.‹[287] ⟨Und weiter:⟩ Denkst du, dass dir nach diesem Leben etwas Besseres passiert als in diesem Leben? Du betrügst dich selbst. ›Denn was aufgelöst ist, hat keine Empfindung, und was keine Empfindung hat, ist bedeutungslos für uns.‹[288] Wieso, Menschenskind, forderst du mich denn auf zu essen und fröhlich zu sein? Doch wohl deshalb, weil man, bei Gott, im Sturm dem Schiffbruch ausgesetzt ist. Denn ›übermäßiges Leiden führt unweigerlich zum Tod.‹
Wenn nun ein Schiff vernichtet und der Passagier ins Meer gestürzt ist, kann er sich immer noch von der Hoffnung tragen lassen, schwimmend das Land zu erreichen. Aber in der Philosophie dieser Leute ist der Seele

> kein Entkommen mehr aus dem grauen Meer sichtbar.[289]

Sie ist vielmehr sofort verschwunden, zerstreut und noch vor dem Körper zerstört. Daher freut die Seele sich auch maßlos darüber, dass sie diesen außerordentlich klugen Lehrsatz begriffen hat:

> Endpunkt des Leidens ist für die Seele die Zerstörung, die Vernichtung und das Nichtsein.[290]

Zwischenspiel mit Empedokles

(24) »Aber es wäre sicher töricht«, sagte Aristodemos und sah mich dabei an, »auch hier noch einmal darüber zu reden, haben wir doch schon vor kurzem von dir gehört, dass du diesen Leuten eine erschöpfende Antwort gegeben hast, die behaupten, dass uns Epikurs Lehren unbeschwerter und fröhlicher gegenüber dem Tod werden lassen als Platons Gedanken.« Da ergriff Zeuxippos das Wort: »Sollte dann deshalb die Diskussion nicht abgeschlossen werden, weil wir Gefahr laufen, uns mit unserer Antwort an Epikur zu wiederholen?« Ich antwortete: »Auf keinen Fall. Denn nach Empedokles[291]

> ist es schön, zweimal zu hören, was notwendig ist.

Darum müssen wir Theon auffordern, ein zweites Mal das Wort zu ergreifen. Denn ich glaube nicht, dass er den damaligen Ausführungen nicht aufmerksam zugehört hat; er ist vielmehr ein junger Mann und braucht doch nicht zu befürchten, dass man jungen Leuten Vergesslichkeit unterstellt.«

(25) Darauf erwiderte Theon, als wäre er genötigt worden: »Nun, wenn es beschlossene Sache ist, werde ich dich zwar nicht nachahmen, lieber Aristodemos – denn du hast doch befürchtet, unseren Plutarch zu wiederholen –, doch ich werde deine Worte aufgreifen. Du schienst mir nämlich die Menschen mit Recht in drei Gruppen einzuteilen, erstens in die Gruppe der Übeltäter und Verbrecher, zweitens in die Gruppe der Durchschnittsmenschen und drittens in die Gruppe der Tüchtigen und Vernünftigen.

Was leistet der Mythos?
Übeltäter und Verbrecher fürchten die Rechtsprechung und die Strafen im Jenseits, hüten sich aus diesem Grund davor, Untaten zu begehen, verhalten sich ruhig und werden deshalb angenehmer und ungestörter leben. Denn Epikur nimmt an, dass man aus keinem anderen Grund auf unrechtes Handeln zu verzichten brauche als aus Furcht vor Strafe.[292] Daher müsse man jenen Leuten auch ein wenig Aberglauben einflößen, ihnen zugleich die himmlischen und irdischen Schreckensbilder vor Augen führen und die Abgründe, die Ängste und Ahnungen bewusstmachen, wenn sie dadurch abgeschreckt werden und sich anständiger und zurückhaltender benehmen. Denn es ist besser für sie, aus Furcht vor den Ereignissen nach dem Tod kein Unrecht zu tun, als mit ihren Untaten ein Leben in ständiger Ungewissheit und Angst zu verbringen.
(26) Die meisten Menschen aber haben einerseits die Hoffnung auf ein ewiges Leben, ohne Angst wegen der Schauergeschichten des Mythos über die Verhältnisse im Hades zu haben, und andererseits ist der älteste und größte aller Triebe, das Verlangen nach dem Sein, zumal dann, wenn es durch Freuden und angenehme Empfindungen versüßt wird, mächtiger als jene kindliche Furcht. Und wirklich – wenn sie ihre Kinder, ihre Frau und ihre Freunde verlieren, wollen sie lieber, dass sich diese noch irgendwo aufhalten und weiterleben, auch wenn sie dort leiden müssten, als dass sie vollständig verloren und vernichtet wären und überhaupt nicht mehr existierten. Wenn jemand stirbt, hört man gern Worte wie ›er verlässt uns‹, ›er geht woanders hin‹ und überhaupt alles, was andeutet, dass der Tod nur eine Veränderung und keine Vernichtung der Seele ist, und sie drücken es so aus:

> Ja, ich werde mich auch dort an meinen lieben Freund erinnern.[293]

Ferner:

> Was soll ich Hektor oder deinem greisen Mann im Hades von dir ausrichten?[294]

Dann lenken sich die Lebenden vom Tod ab, indem sie Waffen, persönliche Gegenstände und Kleidungsstücke zusammen mit dem Verstorbenen verbrennen; dadurch fühlen sie sich besser – wie etwa Minos, der mit dem toten Glaukos[295]

> die kretischen Flöten aus den Knochen des gesprenkelten Hirschkalbs[296]

bestattete. Und wenn sie glauben, dass die Toten um etwas bitten und etwas verlangen, geben sie es ihnen gern mit wie Periander, der für seine verstorbene Frau alle ihre Kleider verbrannte, weil er sich vorstellte, sie bitte ihn darum, weil ihr sonst kalt sei.[297] Gestalten wie Aiakos, Askalaphos und Acheron können überhaupt niemanden erschrecken.[298] Man ehrte sie doch auch mit Reigentänzen, Theateraufführungen und einer abwechslungsreichen Musik, als ob sie sich darüber freuten. Doch jenes Bild vom Tod, den alle als furchtbar, grausam und finster fürchten, ist geprägt von Bewusstlosigkeit, Vergessen und Vernichtung des Denkens. Und bei Worten wie ›er ist zugrunde gegangen‹, ›er ist vernichtet‹ und ›er ist nicht mehr‹ erschrickt man und kann es nur schwer ertragen, wenn etwas wie dieses gesagt wird:

> Dann wird er auf der dicht mit Bäumen bewachsenen
> Erde verwesen ohne Festesfreuden, ohne Lyra
> und ohne den süßen Klang der Flöten.[299]

Oder:

> Das Leben eines Mannes kann man aber weder greifen noch festhalten,
> um es zurückkommen zu lassen, sobald es das Gehege der Zähne verlassen hat.[300]

Ist der Tod wirklich das absolute Ende?

(27) Diejenigen, die so reden, vernichten das Leben ein zweites Mal: ›Wir Menschen sind nur einmal geboren; zweimal geboren zu werden, ist unmöglich. Wir dürfen auf immer und ewig nicht mehr sein.‹[301] Und wenn die Menschen den Augenblick als kurz oder eher als überhaupt nicht vorhanden im Verhältnis zur Zeit insgesamt entwerten, lassen sie ihn ungenutzt vergehen und schätzen tüchtiges Handeln als wenig bedeutend ein; sie opfern gewissermaßen ihre Zuversicht und verachten sich selbst als Eintagsfliegen und vergängliche Wesen, die ohne Sinn und Zweck auf der Welt sind. Denn die Behauptung, dass ›das Aufgelöste keine Empfindung habe und das Empfindungslose uns nichts angehe‹,[302] hebt die Angst vor dem Tod nicht auf, sondern verleiht ihr gewissermaßen eine Begründung. Denn genau diese Worte fürchtet unsere Natur:

> Ihr alle sollt zu Wasser und Erde werden.[303]

Das bedeutet die Auflösung der Seele in das Nichtsein des Denkens und Fühlens, und indem Epikur diese Auflösung als ein Sichzerstreuen in das Leere und die Atome versteht, zerstört er die Hoffnung auf ein ewiges Leben noch gründlicher. Ich könnte aber fast sagen, dass alle Männer und Frauen aufgrund dieser Hoffnung gern bereit wären, sich von Kerberos[304] beißen zu lassen und Wasser in das durchlöcherte Fass der Danaïden[305] zu füllen, um wenigstens ihr Sein zu bewahren und nicht vollständig zu vergehen. Diese Geschichten fürchten wirklich nicht besonders viele Menschen, wie ich schon gesagt habe,[306] sind es doch die Meinungen und Märchen der Mütter und Ammen. Aber diejenigen, die diese Geschichten fürchten, glauben wiederum, dass ihnen gewisse Mysterien und Rituale helfen, sobald sie durch Sühneopfer gereinigt sind, ihre Zeit im Hades scherzend und tanzend an Orten zu verbringen, die in Helligkeit erstrahlen, wo eine reine Luft weht und man schöne Stimmen hört. Der Gedanke aber, das Leben vollständig zu verlieren, belastet junge und alte Menschen gleichermaßen:

> Wir haben offensichtlich ein schmerzhaftes Verlangen nach allem,
> was glänzt auf der Welt, mag es auch sein, was es ist,

wie Euripides sagt.[307] Wir hören auch nicht unbeschwert und ohne Wehmut die folgenden Worte:

> Als er so gesprochen hatte, verließ ihn
> der strahlend-göttliche Anblick
> eines Rosse treibenden Tages.[308]

Ist der Glaube an die Unsterblichkeit nicht eine Quelle der Hoffnung?

(28) So nehmen Leute wie die Epikureer den meisten Menschen mit dem Glauben an die Unsterblichkeit auch die süßesten und größten Hoffnungen. Was ist denn unserer Meinung nach mit den Guten, die ein gottesfürchtiges und gerechtes Leben geführt haben und nun dort nichts Schlimmes, sondern, im Gegenteil, das Schönste und Göttlichste erwarten? Wie die Wettkämpfer nicht schon, während sie kämpfen, den Siegeskranz bekommen, sondern erst wenn sie gekämpft und gesiegt haben, so glaubt man zunächst einmal, dass die Guten den Siegespreis des Lebens erst nach ihrem Leben bekommen; sie sind aufgrund ihrer Tugend von einer gewissermaßen wunder-

baren Zuversicht beseelt und halten an jenen Hoffnungen fest. Darin werden sie bestärkt, wenn sie sehen, wie diejenigen, die jetzt ihre auf Reichtum und Macht beruhende Überheblichkeit zeigen und in ihrer Verblendung alles, was besser ist, auslachen, ihre verdiente Strafe erhalten. Außerdem hat noch keiner von denen, die auf dieser Welt mit Leidenschaft nach der Wahrheit und nach dem Anblick des Seienden streben, sein Verlangen hinreichend stillen können, weil er nur eine durch den Körper sozusagen verdunkelte und vernebelte, unzuverlässige und gestörte Vernunft besitzt. Aber wie ein Vogel[309] blicken sie nach oben, um aus dem Körper hinaus in ein helles und strahlendes Licht zu fliegen, und so machen sie ihre Seele leicht und frei von allem Sterblichen, indem sie die Philosophie zur einer Vorbereitung auf das Sterben werden lassen. So halten sie den Tod für ein großes und wirklich vollkommenes Gut und sind überzeugt davon, dass die Seele dort ihr wahres Leben haben wird,[310] während sie hier nicht wirklich lebt, sondern nur als ob sie träumen würde. Wenn also nun ›die Erinnerung an einen verstorbenen Freund in jeder Hinsicht angenehm ist‹, wie Epikur es ausdrückte, dann kann man sich vorstellen, welch große Freude die Epikureer sich selbst versagen, wenn sie glauben, dass sie zwar die Erscheinungen und Bilder ihrer verstorbenen Freunde, die weder Vernunft noch Wahrnehmungsvermögen haben, sehen und erfassen, aber nicht damit rechnen können, wirklich wieder mit ihnen zusammen zu sein und den lieben Vater, die liebe Mutter und die tüchtige Ehefrau wiederzusehen, und auch nicht die Hoffnung auf den vertrauten Umgang mit ihnen haben dürfen, die sonst alle haben, die dieselbe Seelenlehre[311] vertreten wie Pythagoras, Platon und Homer. Mit ihrer Erfahrung ist zu vergleichen, was Homer angedeutet hat: Er stellte zwischen die Fronten ein Bild des scheinbar toten Äneas,[312] dann ließ er später den echten Äneas ›lebendig und unversehrt mit seiner edlen Kraft‹ unter seine Freunde treten,

›die sich darüber freuten‹,[313] wie Homer sagt,[314] dann von dem Bild abließen und ihn persönlich umringten.

Da die Erzählung also veranschaulicht, dass es möglich ist, mit Verstorbenen wirklich wieder zusammenzutreffen und mit unseren Gedanken und unserer Zuneigung ihre Gedanken und ihre Zuneigung zu erwidern, ⟨wollen wir⟩ denjenigen ⟨nicht folgen⟩,[315] die nur alle diese Schattenbilder und Hüllen für wirklich halten und nicht verwerfen, sondern fortwährend darüber jammern und klagen, weil sie sich falschen Empfindungen hingeben.[316]

Ist der Tod nicht der Anfang eines neuen Lebens?

(29) Abgesehen davon empfinden diejenigen, die glauben, dass der Tod der Beginn eines anderen und besseren Lebens ist, in Erwartung eines noch größeren Glückes eine noch tiefere Freude, wenn es ihnen gutgeht. Wenn sie aber im gegenwärtigen Leben ein Schicksal erfahren haben, das ihren Vorstellungen nicht entspricht, werden sie nicht besonders unglücklich sein; ihre Hoffnung auf all das Schöne und Gute nach dem Tod verheißt ihnen vielmehr unbeschreibliche Freuden und Erwartungen und löscht jeden Mangel und jeden Schicksalsschlag vollständig und spurlos aus ihrer Seele, die ein unerwartetes Ereignis wie auf einer Reise oder eher noch wie auf einem kurzen Umweg leicht und gelassen hinnimmt.

Wer aber das Lebensende mit der Auslöschung aller Empfindungen und der vollständigen Auflösung gleichsetzt, versteht den Tod zwar als das Ende allen Unglücks, muss aber auch den Verlust des Guten in Kauf nehmen; für beide, für die Glücklichen wie die Unglücklichen, ist der Tod zwar etwas Schlimmes, mehr aber noch für diejenigen, denen es gutgeht, als für diejenigen, die im Unglück leben. Diesen zerschlägt er nur die unsichere Hoffnung darauf, dass es ihnen besser gehen wird, jenen aber nimmt er die Erwartung auf ein angenehmes Dasein auf Dauer.

Und ich glaube, das ist genauso wie bei einer nicht wirklich guten, aber doch notwendigen Medizin,[317] die den Kranken zwar Erleichterung verspricht, den Gesunden aber schadet und Beschwerden bereitet: Genauso verheißt Epikurs Lehre den Menschen, die im Unglück leben, kein wirklich glückliches Ende ihres Leidens, sondern nur die Vernichtung und Auflösung der Seele. Den Vernünftigen, den Weisen und den Menschen, die mit allen Gütern gesegnet sind, nimmt sie alle Fröhlichkeit, indem sie sie aus einem glücklichen Leben in die Nichtexistenz und das Nichtsein fallen lässt. Daraus ergibt sich unweigerlich, dass der Gedanke an den Verlust des Guten natürlich in gleicher Weise schmerzhaft ist, wie es andererseits Freude bereitet, wenn man das Gute sicher erwarten und genießen kann, sobald es Wirklichkeit geworden ist.

Bedeutet die Vorstellung von der Auflösung der Seele wirklich das Ende der Angst?

(30) Dennoch versichern die Epikureer, die Vorstellung von der vollständigen und endgültigen Vernichtung des Menschen schaffe das verlässlichste und angenehmste Gut: die Beseitigung der Angst vor unendlichen und unbegrenzten Übeln, und dies bewirke Epikurs Lehre, weil sie mit der Auflösung der Seele auch die Furcht vor dem Tod beseitige. Wenn es also nun die größte Lust bedeuten soll, von der Angst vor unzähligen Übeln befreit zu sein, wie kann es dann nicht auch schmerzhaft sein, von der Hoffnung auf ewige Güter beraubt zu sein und die höchste Glückseligkeit verloren zu haben? Denn das Nichtsein ist für alle Lebewesen nichts Gutes; es ist widernatürlich und abartig.

Diejenigen, die das Nichtsein von den Übeln des Lebens durch das Übel des Todes befreit, sehen einen Trost darin, dass sie nichts mehr wahrnehmen; sie gleichen den Leuten, die einfach weglaufen. Und auf der anderen Seite haben alle, die aus einem guten Leben in ein Nichts fallen, das furchtbarste Ende vor Augen, mit dem ihr gegenwärtiges Glück vorbei sein wird. Denn unsere menschliche Natur fürchtet den Verlust der Wahrnehmungsfähigkeit nicht als den Beginn eines neuen Übels, sondern als den Verlust des Guten, über das wir jetzt verfügen. Denn das, was ›nicht bedeutsam ist für uns‹, bleibt in unserer Vorstellung durchaus bedeutsam, weil alles, was uns bisher gehört, vollständig verlorengeht. Und der Verlust der Wahrnehmungsfähigkeit ist für alle, die dann nicht mehr existieren, nicht schlimm, aber doch für alle, die noch weiter existieren, von Epikur in das Nichtsein versenkt werden und nie wieder daraus auftauchen können. Daher hat weder der Kerberos noch der Kokytos[318] die grenzenlose Furcht vor dem Tod hervorgerufen, sondern das drohende Nichtsein, das den Verstorbenen keine Rückkehr in das Sein erlaubt. Denn ›man kann kein zweites Mal geboren werden‹, sondern nach Epikur ›ist es unausweichlich, dass man für alle Ewigkeit nicht mehr ist.‹[319] Denn wenn das Sein im Nichtsein endet und dieses Nichtsein grenzenlos und ausweglos ist, dann hat sich der Verlust des Guten durch die endgültige Unfähigkeit, etwas wahrzunehmen, als ein ewiges Übel erwiesen.

Herodot hingegen bewies mehr Weisheit, als er sagte:[320] ›Der Gott, der uns dieses süße Leben kosten ließ, erweist sich dabei als missgünstig‹, und besonders den Menschen gegenüber, die glücklich zu sein scheinen; denn all das Angenehme, das sie genießen, ist nur Verlockung, die im Leid endet, weil man es wieder verlieren wird. Aber wie können denn Menschen, die alles Schöne und alles Glück ausschließlich in der Lust sehen, überhaupt fröhlich sein, etwas wirklich genießen und ausgelassen sein, wenn sie der unablässig auf ihnen lastende Gedanke zu Boden drückt, dass sich die Seele in der Unendlichkeit wie in dem unermesslichen Meer vollständig auflöst? Wenn die meisten Menschen aber, wie Epikur glaubt, unter

Schmerzen sterben müssen, kann man sich über die Furcht vor dem Tod nicht hinwegtrösten, weil er uns auf dem Weg über das Leid zum Verlust des Guten führt.[321]

Kann die Befreiung vom Übel das Ziel des Lebens sein?
(31) Doch werden die Epikureer nicht müde, gegen diese Argumente zu polemisieren und alle Menschen dazu zu zwingen, die Befreiung von allem Übel zwar für etwas Gutes, aber den Verlust des Guten nicht für schrecklich zu halten. Aber sie geben zu, dass der Tod keine Hoffnung und Freude bringt, sondern die vollständige Vernichtung der Lust und des Guten. Während alle, die sich vorstellen können, dass die Seelen unzerstörbar und unvergänglich sind oder lange Zeit hindurch bald auf der Erde, bald im Himmel verweilen, bis sie schließlich zusammen mit dem Kosmos untergehen und mit der Sonne und dem Mond im geistigen Feuer verbrennen, viel Schönes, Großes und Göttliches erwarten, vernichtet Epikur so viele und so große Freuden. Und ganz abgesehen von der Zerstörung der Hoffnung auf die Götter und von der Leugnung ihrer gnädigen Hilfe, hat er, wie bereits gesagt, im theoretischen Leben die Lust zu lernen und zu forschen und im praktischen Leben das Verlangen nach öffentlicher Anerkennung erstickt und unsere menschliche Natur erheblich verengt und verunreinigt, die Freuden der Seele auf das Körperliche beschränkt und sie so herabgewürdigt, als ob es für sie kein höheres Ziel gäbe, als Unglück zu vermeiden.«

Ist die Aufforderung zu einem Leben im Verborgenen sinnvoll? (*Moralia* 1128B-1130A)

Einführung

Plutarch setzt sich in dieser Schrift mit Epikurs Aufforderung λάθε βιώσας (»Lebe im Verborgenen«) auseinander. Von vornherein lässt er erkennen, dass er diese Empfehlung ablehnt und den Wert der Öffentlichkeit für die Entfaltung der sittlichen Persönlichkeit betont. Das Licht des Tages ist die Voraussetzung für jede positive menschliche Leistung. Der Autor veranschaulicht seine Darstellung wiederum mit Dichterzitaten, Vergleichen und historischen Beispielen. Im Zentrum steht die metaphorische Bedeutung des Lichts mit dem Gegensatz zwischen Licht und Finsternis, Tag und Nacht: Das Leben im Verborgenen ist ein Leben in der Finsternis.

Die Schrift, die meist mit ihrem lateinischen Titel *An recte dictum sit latenter esse vivendum* zitiert wird, befasst sich aber nicht nur mit der Widerlegung Epikurs (Kap. 1-3), sondern entwickelt auch Plutarchs eigene Auffassung von der Bedeutung des Lichts, welches das Leben veranschaulicht: Werden und Geborenwerden markieren demnach nicht den Schritt zum *Sein*, sondern den Übergang aus der Dunkelheit in das *Licht*, das alles, was ist, sichtbar werden lässt (Kap. 4-7).

Wenn man nicht davon ausgeht, dass die Schrift nur eine Auseinandersetzung mit einer mehr oder weniger künstlichen Frage ist, wie sie in einer antiken Rhetorenschule hätte erörtert werden können – der Rhetoriklehrer Quintilian zählt Beispiele für derartige Themen in seiner *Institutio oratoria* (3, 5, 6-7) auf –, dann ist sie wie die beiden größeren antiepikureischen Schriften als Reaktion auf die auch noch im ersten nachchristlichen Jahrhundert[322] fortdauernde Wirkung und Bedeutung des Epikureismus zu verstehen.

Keinesfalls darf übersehen werden, dass Plutarch mit dieser Schrift keine philosophische Auseinandersetzung vorlegt, sondern eine Polemik gegen Epikurs Weltanschauung formuliert, die er als lebensfeindlich, verantwortungslos, asozial und menschenunwürdig und nicht zuletzt auch als widersprüchlich mit aller Entschiedenheit ablehnt. So bezieht Plutarch den epikureischen Imperativ »Lebe im Verborgenen« nicht nur wie Epikur selbst[323] auf das politische Leben, sondern auch auf Religion und Ethik.[324] Mit diesem »Rundumschlag« zielt Plutarch offensichtlich auf die gesamte epikureische Lehre.

Man hat angenommen, dass die Schrift – unter anderem wegen ihres etwas abrupt anmutenden Beginns – kein abgeschlossenes Werk, sondern vielleicht nur der Entwurf einer umfassenderen Arbeit sei (so Konrat Ziegler, RE 21. 1, 1951, Sp. 766). Aber es spricht auch nichts dagegen, dass Plutarch seine Schrift unmittelbar mit seiner Erörterung des epikureischen Imperativs beginnt. In einer lebendigen Rede wäre dies ohne weiteres möglich.

Die Frage der chronologischen Stellung der kleinen Schrift vor oder nach den beiden größeren Abhandlungen lässt sich kaum klären. Für das Verständnis des Textes ist dies aber nicht besonders bedeutsam. Dem modernen Leser wäre jedoch zu empfehlen, mit der Lektüre dieser kurzen Schrift zu beginnen, da sie in Plutarchs besondere Art und Weise der Auseinandersetzung mit der epikureischen Lebensform einzuführen geeignet ist.

Übersetzung

Epikur handelt nicht nach seinem eigenen Ratschlag (151) Warum sollte man denn sein Leben vor der Welt verbergen? (152) Wie käme denn der Ratschlag bei den Tüchtigen und Erfolgreichen an? (153) Leben braucht das Licht der Öffentlichkeit (154) Werden ist der Weg des Seins zum Licht (156) Verborgenheit ist lebensfeindlich (157)

Epikur handelt nicht nach seinem eigenen Ratschlag

(1) ⟨»Λάθε βιώσας«⟩ – Mag sein – aber nicht einmal der Urheber dieses Ratschlags[325] wollte unauffällig leben: Denn er sprach dies aus, um eben nicht unauffällig zu leben, weil er mit seinem Rat, unauffällig zu leben, wie ein wenig vernünftiger Mensch unbegründeten Ruhm erwerben will.

Ich lehne den Weisen ab, der für sich selbst nicht weise ist.[326]

Philoxenos,[327] der Sohn des Eryxias, und Gnathon aus Sizilien regten sich jedenfalls beim Anblick köstlicher Speisen derart auf, heißt es, dass sie das Wasser, das ihnen im Munde zusammenlief, auf die Leckereien spuckten, um bei den anderen Gästen Ekel zu erregen und sich dann allein über die Speisen auf den Tischen hermachen zu können. Genauso setzen diejenigen, die einen maßlosen und unersättlichen Appetit auf Ruhm haben, diesen gegenüber ihren Mitmenschen herab, um sich den Ruhm konkurrenzlos zu sichern, als ob sie Rivalen in Liebesaffären wären.[328] Dabei tun sie dasselbe wie die Ruderer: Denn so wie diese das Heck des Bootes ins Auge fassen, aber angestrengt nach vorn rudern, wobei der Wirbel, der durch das Zurückstoßen des Wassers entsteht, das Fahrzeug erfasst und nach vorn stößt, streben die Menschen, die derartige Empfehlungen geben, in Wahrheit nach Ruhm, indem sie ihm gewissermaßen den Rücken zukehren. Denn warum musste Epikur dies sagen oder schreiben und, nachdem er es geschrieben hatte, im Blick auf künftige Zeiten auch noch veröffentlichen, wenn er wirklich den Wunsch hatte, bei seinen Zeitgenossen unauffällig zu bleiben, wo er doch bei den Menschen der Zukunft nicht unauffällig bleiben wollte?[329]

Warum sollte man denn sein Leben vor der Welt verbergen?

(2) Aber die Angelegenheit muss schon als solche fragwürdig sein.[330] »Lebe im Verborgenen!« – als ob du verbergen wolltest, du hättest ein Grab ausgeraubt? Ist denn das Leben eine so schändliche Sache, dass wir alle davon nicht wissen dürfen? Ich würde stattdessen sagen: Selbst wenn du ein übles Leben führst, versteck dich nicht, sondern lass dich entdecken, lass dich zur Besinnung bringen, ändere deine Einstellung! Wenn du über bestimmte Fähigkeiten verfügst, verzichte nicht darauf, nützlich zu sein! Wenn du Fehler hast, lass dich heilen! Besser noch, du bestimmst und klärst zuvor, an wen du diese Aufforderung richtest; wenn du dich an einen Ungebildeten, einen Versager und einen Starrsinnigen wendest, dann unterscheidest du dich in nichts von jemandem, der sagt: »Versteck dein Fieber, versteck deinen Wahnsinn, damit der Arzt nichts merkt. Lass dich irgendwo in die Dunkelheit fallen, wo du mit deinen Schwächen nicht auffällst! Verschwinde doch einfach mit deinem Problem, obwohl du an einer unheilbaren, tödlichen Krankheit leidest. Verbirg deine Neidanfälle, deinen Aberglauben wie irgendwelche Entzündungen, wenn du Angst davor hast, dich denen anzuvertrauen, die dich auf den richtigen Weg bringen und heilen können.« In sehr alten Zeiten brachte man sogar die Kranken in die Öffentlichkeit.[331] Jeder, der für sie einen nützlichen Rat hatte, weil er an derselben Krankheit gelitten oder einen Leidenden mit Erfolg behandelt hatte, gab ihn an den Hilfsbedürftigen weiter. Und auf diese Weise, so heißt es, entwickelte sich aus der Erfahrung vieler

Menschen allmählich eine große Kunst. Genauso wäre es jetzt notwendig, dass man auch die misslungenen Lebensläufe und die seelischen Krankheiten für alle offenlegte und jeder sich damit befasste, den Zustand des Kranken untersuchte und sagte: »Du leidest unter deinen Leidenschaften; nimm dich vor ihnen in Acht.« – »Du bist eifersüchtig. Nimm meinen Rat an.« – »Du bist verliebt; auch ich war schon einmal verliebt, habe mich aber eines Besseren besonnen.« Jetzt aber verleugnen, verheimlichen, verbergen sie ihren üblen Zustand und versenken und verdrängen ihn immer tiefer in ihr Inneres.

Wie käme denn der Ratschlag bei den Tüchtigen und Erfolgreichen an?

(3) Wenn man dann den tüchtigen Leuten rät, unauffällig zu bleiben und unbekannt zu sein, dann fordert man Epameinondas auf, kein Feldherr zu sein, Lykurg, keine Gesetze zu geben, Thrasybulos,[332] keinen Tyrannen zu töten, Pythagoras, nicht zu lehren und zu erziehen, Sokrates, keine Diskussionen zu führen, dich selbst, Epikur, deinen Freunden in Asien keine Briefe zu schreiben, keine Anhänger in Ägypten anzuwerben, nicht die jungen Männer in Lampsakos auszubilden, deine Bücher nicht an alle möglichen Leute zu schicken, um sie mit deiner Weisheit zu beglücken, und keine Anordnungen für deine Bestattung zu treffen.[333] Was sollen denn dann die gemeinsamen Mahlzeiten? Wozu dann die Treffen deiner Verwandten und schönen Freunde? Was sollen die zahllosen an Metrodoros, Aristobulos, Chairedemos[334] gerichteten Zeilen, die nicht ohne Sorgfalt verfasst wurden, damit sie auch nach deren Tod nicht in Vergessenheit gerieten? Geschah dies etwa, damit ihre Tüchtigkeit nicht mehr erwähnt wurde, ihre Kunst ungeschehen gemacht, ihre Philosophie totgeschwiegen wurde und ihre guten Taten in Vergessenheit gerieten?

Leben braucht das Licht der Öffentlichkeit

(4) Wenn du die Öffentlichkeit aus dem Leben entfernst wie die Beleuchtung aus einem Festgelage, so dass die Leute alles Mögliche nach Belieben im Dunkeln treiben können, dann »lebe im Verborgenen«! Ja, wenn ich wirklich mit der Hetäre Hedeia[335] leben, mit Leontion[336] meine Tage beschließen, »auf eine anständige Tat spucken« und das Gute »im Fleisch und in der Erregung« 〈wie ihr sagt〉, lokalisieren will; dieses Verhalten ist tatsächlich auf Nacht und Nebel angewiesen, und man sollte es vergessen und nicht zur Kenntnis nehmen. Wenn aber jemand in der Naturphilosophie Gott, das Recht und die Vorsehung preist, in der Ethik Gesetz, Gemeinschaft und politisches Engagement, im politischen Leben die Anständigkeit und nicht die Nützlichkeit – warum sollte er dann unauffällig leben? Um niemanden zu erziehen und niemandem ein Beispiel im Streben nach Tüchtigkeit zu bieten und ein nachahmenswertes Vorbild zu sein? Wenn Themistokles[337] den Athenern nicht aufgefallen wäre, dann hätte Griechenland einen Xerxes nicht abwehren können. Wenn Camillus[338] den Römern unbemerkt geblieben wäre, dann würde es Rom als Stadt nicht mehr geben. Wenn Platon von Dion[339] nicht bemerkt worden wäre, dann wäre Sizilien nicht befreit worden. Denn ich meine, wie das Licht uns gegenseitig nicht nur sichtbar, sondern auch nützlich werden lässt, so führt die Bekanntheit (γνῶσις) der Fähigkeiten nicht nur zu ihrer Anerkennung (δόξα), sondern auch zu ihrer Anwendung (πρᾶξις).
So war zum Beispiel Epameinondas bis zu seinem vierzigsten Lebensjahr unbekannt und den Thebanern nicht nützlich. Später aber gewann er Vertrauen, übernahm öffentliche Ämter, rettete seine Heimatstadt vor dem drohenden Untergang und befreite Griechenland aus seiner Knechtschaft; sein öffentliches Ansehen war gewissermaßen das Licht, in das er seine Tüchtigkeit stellte, um sie im rechten Augenblick zur Geltung zu bringen. Denn nicht nur ein Haus, wie Sophokles[340] sagt,

wird hell, wenn man es bewohnt, wie edle
Bronze, bewohnt man es aber nicht, verfällt es mit der Zeit.

So ergeht es aber auch dem Charakter eines Menschen, der in seiner durch Unbekanntheit bedingten Unwirksamkeit gewissermaßen Schimmel und Rost ansetzt. Eine kraftlose Ruhe und ein tatenloses Leben, das sich der Muße hingibt, richtet nicht nur den Körper, sondern auch den Geist zugrunde; und wie die Teiche, die im Schatten der Bäume still und versteckt liegen und aus denen kein Wasser abfließt, vor sich hin faulen, so geschieht es offensichtlich auch mit den unbewegten Lebensläufen: Wenn sie nichts Nützliches abfließen und zufließen lassen, vergehen und verfallen die angeborenen Fähigkeiten.
(5) Siehst du nicht, dass bei Anbruch der Nacht eine bleierne Schwere den Körper befällt und eine lastende Trägheit die Seele erfasst und unser Denken, das sich in sich selbst zurückzieht wie ein verglimmendes Feuer, aufgrund seiner Untätigkeit und Spannungslosigkeit in winzig schwachen Gedankenfunken[341] dann und wann aufflackert, so dass es kaum spüren lässt, dass der Mensch noch am Leben ist? Aber wenn die aufgehende Sonne

die trügerischen Träume verjagt[342]

und sozusagen alles miteinander verbindet und die Taten und Gedanken aller Menschen zugleich mit ihrem Licht antreibt und in Gang bringt, dann erheben sich die Menschen, wie Demokrit[343] sagt, »mit neuen Gedanken für den neuen Tag«, alle von einer anderen Stelle aus, um ihre Aufgaben zu erfüllen, durch den Drang zueinander wie durch ein starkes Band gezogen.

Werden ist der Weg des Seins zum Licht

(6) Ich glaube nun, dass Gott das Leben als solches und überhaupt das Werden und Entstehen dem Menschen gegeben hat, damit man ihn bemerke und erkenne. Ein Mensch bleibt aber unsichtbar und unbekannt, solange er sich in kleinen und verstreuten Teilchen im großen Raum des Universums bewegt; aber wenn er einmal entstanden ist, indem er zu einer Einheit wird[344] und eine bestimmte Größe erreicht, wird er sichtbar und verwandelt sich aus einem unbemerkten in ein bemerktes und aus einem unsichtbaren in ein sichtbares Wesen. Denn die Entstehung ist nicht der Weg zum Sein, wie manche sagen, sondern der Weg des Seins zum Licht; denn die Entstehung lässt jedes entstehende Objekt nicht einfach nur entstehen, sondern sichtbar werden, wie auch das Vergehen nicht der Übergang des Seienden in das nicht Seiende ist, sondern vielmehr das Verschwinden des Aufgelösten in die Unsichtbarkeit. Darum bezeichnet man auch die Sonne, die man nach alter Tradition mit Apollon gleichsetzt, als »Delios« und »Pythios«.[345] Auf der anderen Seite heißt der Herr der Unterwelt, ob er nun ein Gott oder ein Dämon ist, da wir nach unserer Auflösung in das Unsichtbare und Ungesehene übergehen,

> Herrscher der unsichtbaren Nacht und des tatenlosen Schlafes.[346]

Ich glaube aber, dass die Alten auch in diesem Sinne den Menschen selbst als φώς (»Mann«)[347] bezeichneten, weil jedem einzelnen aufgrund unserer gegenseitigen Verwandtschaft ein heftiges Verlangen danach eingepflanzt ist zu erkennen und erkannt zu werden. Manche Philosophen glauben, dass auch die Seele selbst in ihrem inneren Wesen Licht (φῶς) ist; dabei führen sie unter anderem auch als Beweis an, dass die Seele vor allem unter der Unwissenheit leidet, alles Unsichtbare hasst und sich über alles Dunkle aufregt, weil es für sie eine Ursache von Angst und Misstrauen ist, während ihr das Licht so angenehm und wünschenswert ist, dass sie im lichtlosen Dunkel keine Freude hat an den Dingen, die eigentlich von Natur aus angenehm sind, aber wenn Licht wie ein besonders wirksames Gewürz beigemischt wird, dann lässt es jede Freude, jeden Zeitvertreib und jeden Genuss heiter und menschenfreundlich werden. Wer sich selbst aber in den Zustand der Unbekanntheit stürzt und in die Dunkelheit eintaucht, versenkt sein Leben offensichtlich in einem leeren Grab, leidet darunter, dass er auf die Welt gekommen ist, und nimmt das Sein nicht an.

Verborgenheit ist lebensfeindlich
(7) Doch öffentliche Wahrnehmung und Existenz gehören ⟨bei den Guten und Tüchtigen⟩ zusammen, und es steht ihnen, so sagt man, ein Ort zu, der für Fromme bestimmt ist:

> Für sie leuchtet die Kraft der Sonne,
> während hier unten Nacht ist,
> auf Wiesen rot von Rosen,[348]

und vor ihnen breitet sich eine große blumenreiche Ebene mit Bäumen aus, die zwar keine Früchte tragen, aber reiche Blüten haben und Schatten spenden, und Flüsse, an denen kein Weinen zu hören ist, fließen sanft dahin, und diejenigen, die dort verweilen, verbringen ihre Zeit gemeinsam, erinnern sich und reden über Gewesenes und Seiendes.
Aber der »dritte Weg«[349] ist für die Menschen bestimmt, die ein ruchloses und gesetzloses Leben geführt haben; er lässt ihre Seelen in eine finstere Grube stürzen.

> Von dort lassen träge Ströme einer düsteren Nacht
> undurchdringliche Finsternis hervorbrechen,[350]

wenn sie die Bestraften aufnehmen und in Bedeutungslosigkeit und Vergessenheit einhüllen. Denn nicht einmal die Geier hacken ununterbrochen an der Leber der Übeltäter, wenn diese erst ausgestreckt auf der Erde liegen (sobald sie nämlich im Feuer verbrannt oder verfault ist),[351] und auch das Tragen schwerer Lasten zermürbt und schwächt die Leiber der Bestraften nicht mehr – denn es halten die Sehnen das Fleisch und die Knochen nicht mehr zusammen[352] –, und die Toten haben keinen Rest von Körper mehr, der in der Lage wäre, den Druck einer schweren Strafe auszuhalten – es gibt in Wirklichkeit nur eine einzige Strafe für die Menschen, die ein böses Leben geführt haben: Dunkelheit, Vergessenheit und spurloses Verschwinden, das sie mit Lethes[353] Hilfe in den freudlosen Strom versenkt, in den bodenlosen und unendlichen Ozean wirft und alle Nutzlosigkeit, Tatenlosigkeit, Unbekanntheit und Bedeutungslosigkeit zugleich in sich verschlingt.

ANHANG

Anmerkungen

1 Der Angeredete ist Lucius Herennius Saturninus, der 98/99 n. Chr. römischer Prokonsul in der Provinz Achaia war und sich sehr für griechische Philosophie interessierte.

2 Mit den »Philosophen« meint Plutarch diejenigen, gegen die Kolotes in seiner nicht erhaltenen Schrift polemisiert hat: Es handelt sich u. a. um Demokrit, Parmenides, Empedokles, Sokrates, Platon, die Kyrenaïker und Arkesilaos.

3 Homer, *Ilias* 7, 170-181: Hektor hatte die Griechen zu einem Einzelkampf herausgefordert. Unter neun griechischen Helden wurde das Los geworfen; es fiel übrigens auf Aias.

4 Homer, *Ilias* 7, 182-183.

5 Homer, *Ilias* 10, 243.

6 Auf Melissos geht Plutarch nicht weiter ein.

7 Nach Nauck, *Tragicorum Graecorum Fragmenta,* 2. Aufl. 1889 (im Folgenden zitiert unter Nauck[2] TGF), 796 handelt es sich um ein Zitat aus dem *Philoktet* des Euripides.

8 Plutarch spielt auf Herodots Erzählung (*Historien* 1, 9, 2; 12, 1) von Kandaules und Gyges an: Es handelt sich um die Tür, hinter der sich Gyges versteckte, um einerseits die Frau des Kandaules auf dessen Wunsch hin nackt zu sehen und um andererseits Kandaules später umzubringen, weil dessen Frau es so von Gyges verlangt hatte.

9 D. h., dass alle Gegenstände einander völlig gleich seien bzw. dass jedes Ding nicht mehr so als so beschaffen sei: Demokrit vertrat also die Auffassung, dass die Dinge nicht unterscheidbar seien.

10 Aus dem Satz des Protagoras, dass der Mensch das Maß aller Dinge sei, der seienden, wie sie sind, der nichtseienden, wie sie nicht sind, folgt, dass alle Wahrnehmungen richtig sind und dass ein Ding nicht in höherem Maße diese als jene Qualität besitzt. Demokrit meint auch, dass der Mensch nicht in der Lage ist, die Dinge so wahrzunehmen, wie sie sind (wovon Protagoras überzeugt ist: Der Mensch kann das wahre Wesen der Dinge erkennen).

11 Oder: Das Seiende existiert nicht mehr als das Nichtseiende (Demokrit B 156). Oder: Das Nichtseiende (der leere Raum) existiert ebenso wie das Seiende (das Körperliche/die Atome).

12 Das Mittelstück der Folgerung ist hier (wie oft) ausgelassen: a) Sinneswahrnehmung vermittelt Wahrheit; b) das Sauer-Sein hat den gleichen Wahrheitsgehalt wie das Süß-Sein (= das hier ausgelassene Mittelstück); c) wie könnte der Wein dann in höherem Maße süß als sauer sein?

13 Beide Frauen benutzen dasselbe Parfüm; sein Duft wurde aber unterschiedlich wahrgenommen.

14 Hier geht es nicht um »wahre« oder »nicht wahre«, sondern um »berechtigte« oder »nicht berechtigte« Empfindungen des jeweiligen Subjekts, seinen spezifischen, individuell bedingten Voraussetzungen entsprechend.

15 Zitat aus einer unbekannten Tragödie: Nauck[2], *Fragmenta Adespota*, 420.

16 Demokrits Wahrnehmungslehre beinhaltet die Auffassung, dass die sinnlich wahrnehmbaren Qualitäten der Dinge nur vom Subjekt als solche wahrgenommen werden und nicht den Dingen selbst gehören. In der objektiven Welt gibt es demnach keine Farben oder Geräusche. Die Welt, wie wir sie erleben, entsteht erst im Kopf. »Demokrit verwirft gelegentlich, was den Sinnen erscheint, und behauptet, nichts erweise sich als wahrheitsgemäß, sondern nur der Meinung nach. Was wahr sei, existiere nur in Hinsicht darauf, dass es die Atome und das Leere gebe. Er sagt nämlich, dass etwas nur aufgrund von *Vereinbarung* (νόμῳ) süß oder bitter, warm oder kalt sei oder eine bestimmte Farbe habe. Dass wir in Wirklichkeit nicht erfahren, wie etwas in Wahrheit ist oder nicht ist, ist hinreichend klar« (Demokrit B 9-10).

17 Epikur, Frg. 58 Us.

18 Epikur, Frg. 60 Us.

19 Theophrast war ab 322 v. Chr. der erste Nachfolger des Aristoteles in der Leitung der Schule des Aristoteles, des Lykeion.

20 Von den frühesten Philosophen an wurde die Dunkelheit gern als Gegensatz zum Äther, zur »leuchtenden Luft«, also stofflich gedacht.

21 Fragment aus einer Tragödie des Euripides.

22 Plutarch kann hier nichts entgegnen, weil Demokrits Atomtheorie in seinen Augen zu Konsequenzen führt, die keine Erklärung für das Leben bieten. Er begründet dies mit dem folgenden Referat der entsprechenden Lehrmeinung Demokrits (»Denn was sagt Demokrit? ...«).

23 Vgl. Demokrit A 57.

24 Man kann sich über die Prinzipien, die Grundlagen oder die Voraussetzungen seiner Aussage streiten, die Konsequenzen, die man daraus zieht, sind aber zwingend, d. h., sie müssen schlüssig (logisch, folgerichtig) sein.

25 Plutarch spricht hier summarisch diejenigen an, die die Atomlehre vertreten.

26 Xenokrates von Chalkedon war ein Schüler Platons und ab 339 v. Chr. nach dem Tod des Speusippos der Leiter der Akademie.

27 Hier geht es nicht wirklich um das Herstellen von Gold, sondern um ein Beispiel für die Behauptung, dass auch bei Platon, Xenokrates und Aristoteles jede Substanz (also auch das Gold) aus vier einfachen Komponenten oder Elementen besteht (vgl. Platon, *Timaios* 48 b; Aristoteles, *De generatione et corruptione* 1, 5, 322 b 1).

28 Empedokles B 8.

29 Es handelt sich hier (wie bei den folgenden Zitaten des Empedokles) um daktylische Hexameter.

30 Vgl. z. B. Homer, *Ilias* 13, 248, wo die »Kraft des Poseidon« als Umschreibung für Poseidon, oder Homer, *Odyssee* 7, 167, wo »die heilige Stärke des Alkinoos« für Alkinoos selbst steht.

31 Homer, *Ilias* 18, 535.

32 Die Bedeutung ist: »die Gestalt eines Menschen angenommen hat«. Der griechische Text ist hier nicht gesichert. Die Übersetzung folgt (vgl. den Abschnitt »Zu Text und Übersetzung«) dem griechischen Text von Einarson und de Lacy. Im Sinne des Empedokles bezeichnet das Partizip Aorist Passiv (μιγέν) die Mischung aus Wasser, Erde, Luft und Feuer und ist als Subjekt anzusehen: κατὰ φῶτα μιγέν = »das zu einem Menschen Gemischte«. φάος ziehe ich als trans. Akkusativ zum Verb ἱκνέομαι.

33 Empedokles B 9.
34 Empedokles B 11.
35 Empedokles B 15.
36 Das »nichts« (οὐδέν) ist hier keine ontologische Verneinung, d. h., es verneint nicht jegliches Sein vor der Geburt oder nach dem Sterben des Menschen; für Empedokles sind die Geschöpfe Mischungen der vier Elemente, d. h., sie sind auch schon vor ihrer Geburt da – allerdings nur in der ungemischten Existenz ihrer »Einzelteile« – wie sie im »Nichts« vorliegen.
Insofern kann Plutarch diese Aussage des Empedokles als Argument für die Annahme zitieren, dass die Geschöpfe (auch der Mensch) schon vor der Geburt und nach dem Tod existieren.
37 Gemeint ist Epikurs vielbändiges Werk *Über die Natur* (Frg. 74 Us.).
38 Parmenides B 8, 4.
39 Parmenides B 1, 29.
40 Der Begriff »Peripatetiker« für die »Anhänger des Aristoteles« ist offensichtlich zum ersten Mal von Kolotes benutzt worden. Gewöhnlich sieht man in dem Aristoteles-Schüler Theophrast den Schöpfer des Namens.
41 Es handelt sich um Herakleides Pontikos (ca. 388 bis 310 v. Chr.), einen Schüler Platons, zeitweise Leiter der platonischen Akademie.
42 Dikaiarchos war Schüler des Aristoteles.
43 Das, woran etwas teilhat, sind die platonischen Ideen, und das, was daran teilhat, sind die sichtbaren Dinge.
44 Es geht um das Verhältnis zwischen dem, was die Fähigkeit hat, Anteil zu gewähren (Verbaladjektiv), und dem tatsächlichen Anteilnehmen (Partizip).
45 Parmenides B 14.
46 Zu den »neueren« Philosophen gehören etwa auch die Stoiker.
47 Die »formalen Begriffe« (λεκτά) bezeichnen die Gegebenheiten, die zwar sprachlich benennbar sind, aber keine Substanz haben, wie z. B. Raum und Zeit.
48 Das ist zweifellos ironisch gemeint; denn die Epikureer gelten wohl kaum als besondere Sprachkünstler.

49 Platon, *Apologie* 21 a: Chairephon ging nach Delphi, um das Orakel des Apollon zu befragen, ob jemand weiser sei als Sokrates. Da eröffnete ihm die Orakelpriesterin Pythia, niemand sei weiser als Sokrates. Dieser versuchte nun im Anschluss daran herauszufinden, was der Orakelspruch denn bedeutete.
50 Dieser Anaxarchos ist nicht weiter bekannt. Es handelt sich bestimmt nicht um den Demokriteer Anaxarchos von Abdera (ca. 380 bis 320 v. Chr.).
51 Epikur, Frg. 116 Us.
52 Metrodoros von Lampsakos (330 bis 277 v. Chr.) war der prominenteste Schüler und Freund des Epikur.
53 Timarchos wurde von Metrodoros für die epikureische Schule geworben: Metrodoros, Frg. 38 (Körte).
54 Er kennt die Hochachtung vor einem Lehrer, wie sie im Orakel über Sokrates zum Ausdruck kommt.
55 Epikur, Frg. 141, Zeile 1-5 Us.
56 Epikur, Frg. 141, Zeile 6 Us.
57 Idomeneus hat Epikur anscheinend regelmäßig materiell unterstützt. Erstlingsgaben (vom Menschen noch nicht genutzte Tiere oder Pflanzen) wurden normalerweise Göttern dargebracht.
58 Epikur, Frg. 130 Us.
59 Delion: Platon, *Symposion* 220e-221c.
60 Potideia: Platon, *Symposion* 220 d-e.
61 Die Dreißig: Platon, *Apologie* 32 c-d.
62 Archelaos war nach der Ermordung seines Bruders König von Makedonien und ein Freund Platons. Bedeutende griechische Persönlichkeiten wie z. B. Euripides lebten zeitweilig an seinem Hof.
63 Volksversammlung: Platon, *Apologie* 32 a-c.
64 Heraklit B 101. Kolotes hatte erklärt, er wisse nicht, was ein Mensch sei. Heraklit dagegen setzte sein ganzes Leben daran, sich selbst als Menschen zu erkennen und in seinen Grenzen zu begreifen (wie auch Sokrates im Auftrag des Gottes Apollon).
65 Diese Schrift des Aristoteles ist nicht erhalten; die vorliegende Plutarch-Stelle ist als Frg. 4 in der Sammlung der Aristoteles-Fragmente enthalten.

66 Platon, *Phaidros* 230 a.

67 Typhon ist ein böser Geist, der in der Erde haust und aus den Vulkanen hervorbricht. Er wird als Ungeheuer mit hundert Drachenköpfen dargestellt. Zeus hat ihn in hartem Kampf besiegt und in den Tartaros geworfen.

68 Wörtlich (und im Deutschen wegen des Wortspiels zwischen Typhon als Name des Ungeheuers und ἀτύφου als Attribut im Genitiv zu μοῖρα nicht nachzuahmen): »... oder ob er von Natur aus den Göttern gleiche und ein unaufgeblasenes und nicht typhonartiges Schicksal habe.«

69 In Typhon sind diese negativen Verhaltensweisen und Einstellungen verbildlicht.

70 Stilpon von Megara lebte im späten vierten Jahrhundert. Er war aufgrund seiner gewinnenden Persönlichkeit und seiner Argumentationskunst ein erfolgreicher Lehrer. Er bekämpfte die platonische Ideenlehre und leugnete die Allgemeinbegriffe. Er stand den Kynikern nahe und definierte die Unempfindlichkeit (Apathie) als Lebensziel (über ihn berichtet Diogenes Laertius 2, 113-120).

71 Laut Diogenes Laertius 2, 115 waren dies Demetrios Poliorketes und Ptolemaios Soter.

72 Stilpon vertrat die Auffassung, die Kopula »ist« bezeichne eine Identität. Er verbot daher die nichtidentische Prädizierung: Verschiedenes darf nicht von Verschiedenem ausgesagt werden. So haben z. B. »Mensch« und »gut« unterschiedliche Bedeutungen. Sie sind nicht dasselbe. Man kann also nicht sagen, das eine sei das andere. Stilpons Fehler besteht aber darin, dass er meint, das Prädizieren bedeute immer Identität. Die Kopula »ist« hat auch noch andere Bedeutungen und bezeichnet z. B. auch Zugehörigkeit zu einer Klasse oder Teilhabe an etwas.

73 Bakchos, Beiname des Gottes Dionysos.

74 »Formale Begriffe« sind Raum und Zeit usw.

75 Stilpon bezeichnete Aussagen wie »der Mensch ist gut« als Fehler; allenfalls könne man sagen: »der Mensch hat Teil an der Eigenschaft des Guten« (er »gutelt«). Auch der Satz »das Pferd läuft« ist nach Stilpon nicht akzeptabel. Man kann lediglich sa-

gen: »Das Pferd bewegt sich auf eine Weise, die man als Laufen bezeichnen kann.«

76 Kolotes wurde etwa 325 v. Chr. geboren. Demnach kann es sich bei seinen Zeitgenossen um Philosophen des beginnenden 3. Jahrhunderts v. Chr. gehandelt haben.

77 Die Philosophenschule der Kyrenaïker führt sich auf Sokrates zurück; ihr bekanntester Vertreter war Aristipp.

78 Arkesilaos war um 300 v. Chr. der Begründer der mittleren Akademie. Er bekämpfte den Dogmatismus der Stoa und leugnete die Möglichkeit eines zuverlässigen Wissens und bestritt, dass es Kriterien der Wahrheit gebe; man könne allenfalls das Wahrscheinliche annehmen. Vgl. Sextus Empiricus, *Adversus mathematicos* 7, 153.

79 Im Griechischen erscheinen »Mauern, Pferde und Menschen« als Verben. Das ist im Deutschen nicht wiederzugeben.

80 »Untätigkeit«: Die (vor allem stoischen) Gegner der Lehre von der Zurückhaltung im Urteil machten deren Verfechtern den Vorwurf, dass die *epoché* zur totalen Untätigkeit oder Handlungsunfähigkeit führe. Dieser Vorwurf konnte aber die Lehre des Arkesilaos nicht gefährden, zudem für ihn totale Untätigkeit undenkbar war. Vgl. Epiktet bei Arrian, *Dissertationes* 1, 5, 1-3, für die Auffassung, dass die akademische Skepsis ihre Anhänger »versteinert«.

81 Nach stoischer Lehre ist eine »Zustimmung« *(synkatáthesis)* für eine Handlung erforderlich. Die (skeptische) Akademie hält diese »Zustimmung« für einen überflüssigen Umweg.

82 Homer, *Ilias* 20, 250.

83 Schon Platon, *Staat* 5, 458 d, hatte von »geometrischen Notwendigkeiten«, die sich in einer logischen Schrittfolge zwangsläufig ergeben, geredet.

84 Epikur, Frg. 411 Us. Vgl. Kap. 26 (Ende): Die Antriebskraft wirkt unmittelbar – und ohne irgendeine Anleitung oder Vermittlung –, weil sie eine (naturgegebene) Bewegung und ein (natürlicher) Impuls der Seele ist (vgl. Sextus Empiricus, *Adv. mathem.* 11, 96: »Bestimmte Epikureer pflegen zu sagen, ein Lebewesen meide von Natur aus und ohne Anleitung den Schmerz und verfolge die

Lust.«) Die »Bewegungen des Fleisches« sind die natürlichen Empfindungen eines Lebewesens.

85 Zur Erklärung ist Cicero, *Lucullus* 38, herbeizuziehen. Dort heißt es: »Wie es keinem Lebewesen möglich ist zu verweigern, was seiner Natur offensichtlich entspricht (die Griechen nennen das οἰκεῖον), so ist es auch ausgeschlossen, dass man einer evidenten Erscheinung *(res perspicua)*, die einem vor Augen tritt, nicht zustimmt.« Ohne »Zustimmung« *(adsensio)* – so weiter Cicero – sind Erinnerung, Begriffe und wissenschaftliches Denken unmöglich. Und man kann die »Zustimmung« nicht zurückhalten, wenn es sich um Vorgänge handelt, die »in unserer Macht liegen«.

86 Plutarch macht hiermit die epikureische Paradoxie bewusst, dass Lust und Schmerzlosigkeit identisch seien. Das ist in Wirklichkeit nicht der Fall (vgl. schon Cicero, *De finibus* 2, 9). Denn Lust bedeutet, etwas zu empfinden, und Schmerzlosigkeit, nichts zu empfinden.

87 Kallimachos, Fragm. anon. 387 (ed. Schneider). Hier sind die Furien gemeint.

88 Euripides, *Iphigenie bei den Taurern*, V. 288-290 (Worte des wahnsinnig gewordenen Orest).

89 Empedokles B 60 und B 61.

90 Die *aphasía* ist der Verzicht darauf, etwas zu behaupten, d. h. der Verzicht auf Negation *(apóphasis)* und Affirmation *(katáphasis)*. Vgl. Sextus Empiricus, *Grundlagen der Pyrrhonischen Skepsis* 1, 192.

91 Pythokles war ein hochbegabter Schüler und Nachfolger des Epikur.

92 Vielleicht trug die Schrift des Kolotes tatsächlich den Titel *Gegen alle Philosophen*.

93 Damit weist Plutarch wiederum Epikurs Behauptung zurück, dass man nur aus Furcht vor Strafe recht handle (vgl. die Nr. 34 der *Maßgebenden Sätze*).

94 Neben den olympischen Gottheiten, die hier mit dem Begriff »Götter« gemeint sind, glaubten die Griechen noch an viele weitere Götter. Diese sind hier unter dem Begriff δαίμονες,

»Dämonen«, zusammengefasst. Das Wort stand ursprünglich wohl für alle Gottheiten.

95 Nauck[2], *Adespota* 421.

96 Nauck[2], *Adespota* 496, 2 und Menander, Frg. 683, 12 (Körte).

97 Zitat aus Platon, *Gesetze* 4, 715e-716a.

98 Epikur, Frg. 554 Us.

99 Metrodoros, Frg. 41 (Körte).

100 Epikur, *Maßgebende Sätze*, Nr. 1: »Ich fordere dich auf zu ununterbrochenem Streben nach Lust und nicht zu leeren und sinnlosen Tugenden, deren Früchte man nur mit Unruhe im Herzen erhofft.« Als »besonders maßgebende Sätze« gelten die Sätze 1-4.

101 Antidoros war ein Gegner Epikurs.

102 Zu Bion vgl. Diogenes Laertius 4, 46-47.

103 Euripides, *Orestes*, V. 258.

104 Demokrit B 157.

105 Die handschriftliche Überlieferung spricht tatsächlich von »Kriegskunst«. Diels-Kranz ersetzen »Kriegskunst« mit »Politik« (und folgen einer Konjektur von Reiske).

106 Kotys war König von Thrakien; er wurde 360 v. Chr. ermordet.

107 Platon hat auf diesem Weg offensichtlich eine rege praktisch-politische Tätigkeit entfaltet.

108 Vgl. auch Plutarch, *Non posse suaviter vivi secundum Epicurum*, Kap. 15.

109 Bei diesen Männern handelt es sich wohl um Platon, den Kyniker Diogenes oder den Stoiker Zenon von Kition, die sich Lykurgs Verfassung zum Vorbild nahmen.

110 Epikur, Frg. 18 Us.

111 Epikur bezieht sich auch in seinen *Maßgebenden Sätzen* auf diese Frage: »Die Ungerechtigkeit ist kein Übel an sich, sondern nur aufgrund der misstrauischen Angst davor, dass sie von der Strafverfolgung nicht aufgedeckt wird« (Nr. 34), und »Es ist ausgeschlossen, dass derjenige, der heimlich gegen den Vertrag darüber, niemanden zu schädigen und sich nicht schädigen zu lassen, verstößt, darauf vertrauen kann, dass er immer unentdeckt bleiben wird, auch wenn er im Augenblick tausendmal un-

entdeckt bleibt. Denn bis zu seinem Tode ist es ungewiss, ob er auch unentdeckt bleiben wird« (Nr. 35).

Vgl. Cicero, *De officiis* 3, 38-39: »Ebenso ist auch aus jeder Überlegung die Hoffnung und Erwartung zu verbannen, etwas verheimlichen und verbergen zu können; denn es sollte uns hinreichend einleuchten, falls wir nur ein Stück weit in der Philosophie vorangekommen sind, dass wir, selbst wenn wir es vor allen Göttern und Menschen verheimlichen könnten, auf keinen Fall habgierig, ungerecht, unbeherrscht und maßlos handeln dürfen. Aus diesem Grund erzählt Platon [*Politeia* 2, 359b-360d; vgl. auch Herodot, *Historien* 1, 8-12] die Geschichte von Gyges:

Als sich die Erde aufgrund gewaltiger Wolkenbrüche aufgetan hatte, stieg Gyges in jenen Schlund und entdeckte ein Pferd aus Erz, wie es im Mythos heißt, an dessen Seiten Türen waren. Als er sie geöffnet hatte, sah er den Körper eines toten Mannes von nie gesehener Größe und an seinem Finger einen goldenen Ring. Als er diesen abgezogen und sich selbst übergestreift hatte – Gyges war aber ein Hirte des Königs –, kehrte er wieder in die Versammlung der Hirten zurück. Sobald er dort den Stein dieses Ringes zur Handfläche hin gedreht hatte, wurde er von niemandem mehr gesehen, selbst aber sah er alles. Er wurde wieder sichtbar, wenn er den Ring wieder an die richtige Stelle gedreht hatte. Deshalb nutzte er die Gelegenheit, die der Ring ihm bot, verführte die Königin zum Ehebruch und ermordete den König, seinen Herrn, mit Unterstützung der Königin, beseitigte alle, von denen er annahm, dass sie ihm im Wege standen, und niemand konnte ihn bei diesen Untaten sehen. So wurde er unversehens mit Hilfe des Ringes zum König von Lydien.

Wenn nun ein Weiser genau diesen Ring besäße, wäre er der Überzeugung, dass es ihm nicht in höherem Maße erlaubt sei, Schandtaten zu begehen, als wenn er ihn nicht hätte: Denn anständige Männer wollen moralisch, nicht heimlich handeln.

Nun behaupten in diesem Zusammenhang gewisse Philosophen (z. B. die Epikureer), die bestimmt nicht schlecht, aber auch nicht scharfsinnig genug sind, Platon habe eine erfundene und erlogene Geschichte erzählt, als ob er darauf bestünde, dass es wirklich so geschehen sei oder habe geschehen können. Dies ist nämlich die Bedeutung dieses Ringes und dieses Beispiels: Wenn niemand wissen und nicht einmal ahnen könnte, wenn du etwas tätest, um dich zu bereichern, um Macht zu bekommen, um Herrschaft zu erringen, um dein Verlangen zu stillen, und wenn dies den Göttern und Menschen für alle Zeit unbekannt bliebe, würdest du es dennoch tun? Sie bestreiten, dass dies geschehen könne. Doch es kann sein; aber ich frage, wenn es möglich wäre, was sie bestreiten, was sie denn dann täten. Sie bleiben hartnäckig dabei. Denn sie bestreiten, dass es möglich sei, und bleiben dabei und verstehen nicht, was diese Geschichte bedeutet. Wenn wir nämlich fragen, was sie tun würden, wenn sie es verheimlichen könnten, fragen wir nicht, ob sie es verheimlichen könnten, sondern wenden gewissermaßen Zwangsmittel an, damit sie, wenn sie antworten, sie würden im Falle von Straffreiheit alles tun, was ihnen nützlich sei, zugeben, dass sie Verbrecher sind, und wenn sie dies verneinen, einräumen, dass alles Verwerfliche als solches zu meiden sei. Aber kehren wir nunmehr zu unserem Thema zurück!«

112 Frg. 134 Us.

113 Eine sehr hilfreiche, wertvolle Einführung, deren Anregungen dankbar aufgegriffen wurden, enthält der Band XIV der griechisch-englischen Plutarch-Ausgabe in der Sammlung »The Loeb Classical Library«: Plutarch. Moralia. Volume XIV with an English translation by Benedict Einarson and Phillip H. de Lacy, Cambridge, Mass./London, Engl. 1967.

114 Das antike Gymnasium war ursprünglich eine Sportstätte, später ein Gebäude, an dem man sich zu philosophischen Diskussionen zusammenfand. Es konnte dann auch den Charakter einer Schule oder Universität haben.

115 Die Formulierung des Kolotes-Titels enthält die Behauptung, dass man nach den Grundsätzen der anderen Philosophen *überhaupt nicht leben* kann. Plutarchs Titel besagt, dass man nach den Grundsätzen Epikurs *nicht einmal angenehm, geschweige denn anständig leben* kann.

116 Aristodemos und Theon waren Schüler des Plutarch. Zu Aristo-

demos vgl. Kap. 2: Diesen charakterisiert Plutarch als »einen leidenschaftlichen Verehrer Platons«. Theon war dagegen ein »einfacher« Akademiker, der als hochgebildeter und sehr belesener Kenner der griechischen Dichtung galt.

117 Zeuxippos stammte aus Sparta und war wahrscheinlich ein Gastfreund Plutarchs.

118 Aristoteles, *Nikomachische Ethik* 1, 5, 1095 b 17-19.

119 Die geistig-seelische Lust hat nach Epikur zwar größere Stabilität als rein körperliche Lust und ist darum für Epikur auch der eigentliche Inhalt des philosophischen Lebens. Plutarch aber führt dagegen ein sehr starkes Argument auf: Auch die »stabile Lust« kann nicht von der Angst vor der Zukunft befreien. Das ist ein Einwand, der jeden auf Lust (jeder Art) basierenden Glücksbegriff fragwürdig macht, zumal die Epikureer selbst (zum Beispiel Lukrez) die Angst vor der Zukunft als einen nicht zu beseitigenden Störfaktor für menschliches Wohlbefinden verstehen.

120 Platon, *Philebos* 53c-54d.

121 *Nikomachische Ethik* 7, 12, 1153 a 9-10.

122 *Philebos* 42 d.

123 *Nikomachische Ethik* 7, 14, 1154 b 27-28.

124 *Philebos* 36 c.

125 *Philebos* 32 b-c; 33c-36b; 47 d.

126 Vgl. den Brief an Menoikeus 130-132 (Diogenes Laertius 10).

127 Diese Schrift hat Kolotes nach Epikurs Tod in der Mitte des 3. Jh.s v. Chr. veröffentlicht. Die Schrift *Adversus Colotem* ist die älteste antiepikureische Schrift des Plutarch.

128 Das erfolgte in der Schrift *Eine Erwiderung auf die Polemik des Epikureers Kolotes gegen die anderen Philosophen* (1107D-1127E). Die Schrift *Man kann nach Epikurs Grundsätzen nicht glücklich leben* ist also die Fortsetzung der Schrift *Eine Erwiderung ...*

129 Herakleides war wohl ein mit den Epikureern sympathisierender Philologe. Nicht er, sondern seine Anhänger gehen; sie wollen augenscheinlich keinen Streit mit Plutarch.

130 Protagoras gilt als Begründer und prominentester Vertreter der sophistischen Weltanschauung. Die Sophisten erteilten

Unterricht in Rhetorik und Politik gegen ein meistens üppiges Honorar. Sie waren Wanderlehrer und vermittelten ihr Wissen auf ausgedehnten Vortragsreisen. Sie erörterten aber auch Grundfragen der menschlichen Existenz und übten heftige Kritik an traditionellen Anschauungen und Wertvorstellungen. Protagoras kam um 450 v. Chr. das erste Mal nach Athen und gewann dort die Freundschaft des Perikles, der ihm den Auftrag erteilte, die Verfassung der griechischen Kolonie Thurioi auszuarbeiten. Er war auch mit dem Tragödiendichter Euripides befreundet, in dessen Dramen mitunter sophistische Gedanken eine Rolle spielen. Die sophistische Denkkultur hatte auch noch zur Zeit des Plutarch eine große Bedeutung.

131 Mit Hipparchia könnte die Freundin und spätere Frau des Kynikers Krates von Theben (ca. 360 bis 280 v. Chr.) gemeint sein, die dadurch Berühmtheit erlangte, dass sie die kynische Lebensform übernahm, obwohl sie aus einem wohlhabenden Haus stammte. Der »kynische« Stoiker Epiktet (3, 22, 76) charakterisierte die Heirat als »eine echte Liebesheirat«, was in der Antike nicht so häufig der Fall war: Krates habe eine Frau geheiratet, die sich als ein zweiter Krates erwies und diesem völlig ebenbürtig gewesen sei. Vielleicht war Plutarch von Hipparchia deshalb besonders beeindruckt, weil sie schon in der Antike als beispielhaft für die Gleichheit von Mann und Frau galt (vgl. die um 100 v. Chr. verfassten Kynikerbriefe Nr. 28 und 29).

132 Platon, *Phaidros* 247 a.

133 Plutarch zitiert hier einen Satz des Odysseus (*Odyssee* 22, 5) unmittelbar vor der Tötung der Freier.

134 Mit den »anderen« könnte Plutarch sich selbst meinen, weil er sich schon früher mit diesem Thema auseinandergesetzt hat.

135 Plutarch zitiert hier Homer, *Odyssee* 22, 5-6: Nachdem Odysseus den Pfeil durch die Ösen der Äxte geschossen hatte, erklärt er mit diesen Worten, dass er jetzt seine blutige Rache an den Freiern beginnt.

136 *Odyssee* 8, 246.

137 Zitat aus Homer, *Odyssee* 8, 248. Es handelt sich um Worte des Königs Alkinoos über seine Untertanen, die Phaiaken.

138 Vgl. Epikur, Frg. 433 und 552 Us.
139 Metrodoros von Lampsakos (330 bis 272 v. Chr.) war ein Anhänger Epikurs.
140 Podagra ist die Gicht (Arthritis) des Fußes, eine früher verbreitete Stoffwechselkrankheit.
141 Vgl. Epikur, Frg. 411 Us.
142 Das Beispiel des Philoktet wird auch von Cicero, *De finibus* 2, 94 und in den *Tuskulanischen Gesprächen* 2, 19 gegen die Epikureer gebraucht.
143 Die medische Pflanze ist die Luzerne, die die Perser als hochwertiges Pferdefutter gebrauchten (Plinius, *Naturalis historia* 18, 144).
144 Die Schmerzlosigkeit hatte Plutarch schon in *Eine Erwiderung auf die Polemik ...* (Kap. 27, 1123 A) als ein »Mittleres« zwischen Schmerz und Lust bestimmt.
145 Epikur, Frg. 600 Us.
146 Homer, *Odyssee* 4, 605.
147 Bei Homer bezeichnet das Adjektiv »leios« eine blühende Wiese, die sich gut anfühlt, wenn man sie mit bloßen Füßen betritt. Bei Hesiod hat das Wort die Bedeutung »einfach« (*Werke und Tage* 288). Hesiod spricht in diesem Zusammenhang davon, dass der Weg zum Bösen »einfach« sei, während der unbequeme Weg zur Tugend sehr viel Schweiß koste.
148 Epikur spricht zwar von »seelischen« Freuden, versteht die Seele aber nur als ein Gefäß für die Lustempfindungen des Körpers. Nach Theon kennt Epikur die wahren seelischen Freuden nicht: die Freuden des Denkens und Handelns.
149 Die Kyrenaïker, die Philosophen aus Kyrene (Nordafrika), haben zwar keine eigene Schule begründet, führen sich aber auf den Sokratiker Aristipp zurück (Diogenes Laertius 2, 86). Für die Kyrenaïker ist zwar auch die Lust ein Lebensziel; sie besteht aber nicht wie bei den Epikureern in Schmerzlosigkeit, wie auch auf der anderen Seite die Lustlosigkeit nicht als schmerzhaft empfunden wurde. Lustlosigkeit und Schmerzlosigkeit sind höchstens »mittlere Zustände«, die mit Schmerz oder Lust nichts zu tun haben.

Noch in einem anderen Punkt distanzieren sich die Kyrenaïker von Epikur: Die Erinnerung an etwas Gutes oder die Vorfreude erzeuge noch keine Lustgefühle. Diese Distanzierung von Epikurs Lusthaushalt ist wahrscheinlich darauf zurückzuführen, dass die Kyrenaïker die körperliche Lust weit über die seelische Lust stellten – genauso wie nach ihrer Ansicht seelischer Schmerz weitaus weniger spürbar sei als körperlicher Schmerz.

150 Epikur, Frg. 579 Us.

151 Karneades (214 bis 130 v. Chr.) war der Hauptvertreter der skeptischen Akademie.

152 Epikur, Frg. 68 Us.

153 Polyainos ist ein Anhänger, Neokles und Agathobulos sind Brüder Epikurs.

154 Heraklit starb an Wassersucht, Pherekydes an einem übermäßigen Läusebefall (Plutarch 1084 A).

155 Aischylos, *Hiketiden* 770.

156 Homer, *Ilias* 6, 146; 22, 464.

157 Hippokrates, *Aphorismen* 1, 3.

158 Euripides, *Orestes* 981.

159 Epikur, *Maßgebende Sätze*, Nr. 34: »Die böse Tat ist kein Übel an sich, sondern nur aufgrund der misstrauischen Angst davor, dass sie von der Strafverfolgung nicht unentdeckt bleibt.« Nr. 35: »Es ist ausgeschlossen, dass jemand, der heimlich gegen die Übereinkunft verstößt, sich gegenseitig nicht zu schädigen, darauf vertrauen kann, dass er für immer unentdeckt bleibt, auch wenn er im Augenblick tausendmal nicht entdeckt wird. Denn bis zu seinem Tod ist es ungewiss, ob er auch wirklich unentdeckt bleiben wird.«

160 Lachares (um 300 v. Chr.) war zum Feldherrn gewählt worden, hatte sich aber als Volksführer in Athen zum Tyrannen aufgeschwungen. Er galt als rücksichtslos, unerbittlich und grausam. Die Vorgänge beschreibt Plutarch in seiner Biographie des Demetrios 33 f.

161 Dionysios I. und sein Sohn Dionysios II. waren im 5. und 4. Jh. v. Chr. als Gewaltherrscher in Syrakus berüchtigt.

162 Auch Unbeteiligte können einer Gewaltherrschaft zum Opfer fallen.

163 Metrodoros, Frg. 28 (Körte).
164 Die Beseitigung des Übels ist auch für die (»höheren«) Tiere nicht das höchste Ziel, sondern nur die Überwindung eines Hindernisses auf dem Weg zu ihrem höchsten Ziel.
165 Platon, *Politeia* 9, 583b-586c: Schmerzlosigkeit scheint nur Lust zu sein, ist es aber in Wirklichkeit nicht.
166 Epikur, *Maßgebende Sätze*, Nr. 11.
167 Es ist bemerkenswert, dass die Epikureer sich nicht einmal hinsichtlich der »Ungestörtheit« *(ataraxía)* von den Tieren unterscheiden. Mit ihrem Ataraxia-Ideal befinden sich die Epikureer also im Zustand der Tiere oder sind diesen sogar unterlegen. Die natürliche Ataraxie der Tiere ist sogar der eingeübten der Epikureer überlegen.
168 Das ist ein Kerngedanke der Kritik Plutarchs an Epikur: Mit der Vernichtung des herkömmlichen Götterglaubens zerstöre Epikur auch die Hoffnung auf göttliche Vorsehung und Hilfe, verstärke die menschliche Existenzangst und schließe ein glückliches Leben aus.
169 Dass der Tod für uns bedeutungslos sei, erklärt Epikur mehrfach: *Maßgebende Sätze*, Nr. 2: »Der Tod hat keine Bedeutung für uns; denn was sich aufgelöst hat, empfindet nichts; was aber nichts empfindet, hat keine Bedeutung für uns.« Vgl. auch den Brief an Menoikeus bei Diogenes Laertius 10, 124-125.
170 Plutarch berücksichtigt hier Platons Modell (*Politeia* 439 a ff.) von den drei Seelenteilen: (1) Logistikón (Vernunft) = Theoretikón + Philomathés; (2) Thymoeidés (positive Antriebskraft) = Praktikón + Philókalon; (3) Epithymetikón (begehrende Kraft) = Pathetikón (Kap. 11, 1094 A). Platon hatte diese Seelenteile drei unterschiedlichen Menschentypen zugeordnet: Erkenntnisorientierter Philosoph – anerkennungsbedürftiger, ehrgeiziger Tatmensch – materiell orientierter Erwerbsmensch. Bei Aristoteles finden sich dementsprechend die drei Lebensformen des theoretischen, des praktischen und lustbetonten (spaßbezogenen) Lebens.
171 Sophokles, *König Ödipus* 1169-1170.
172 Plutarch meint Herodots *Historien*.

173 Gemeint ist Xenophons Bildungsroman mit dem Titel *Kyrupädie*.
174 Es ist nicht sicher, ob es sich bei diesen Worten überhaupt um ein Zitat handelt, auch wenn es im griechischen Text bei Einarson/de Lacy als solches markiert ist.
175 Eudoxos von Knidos war im 4. Jh. v. Chr. Mitglied der platonischen Akademie.
176 Die 158 Verfassungen, die Aristoteles dargestellt haben soll (erhalten ist die Beschreibung der athenischen Verfassung), enthielten wahrscheinlich auch die »Gründungsgeschichten«.
177 Aristoxenos von Tarent war Schüler des Aristoteles und verfasste in der 2. Hälfte des 4. Jh.s v. Chr. ein nur fragmentarisch überliefertes Sammelwerk von Lebensbeschreibungen.
178 Homer, *Odyssee*, Gesänge 9-11.
179 *Odyssee* 9, 5-11.
180 Darauf geht Plutarch nochmals am Ende des 13. Kapitels ein.
181 Xenophon, *Kyrupädie* 4, 6, 11; 5, 1, 2-18; 6, 1, 31-5; 6, 4, 2-11; 7, 3, 3-16.
182 Jacoby, *Fragmenta Graecorum Historicorum* (= FGH) 139, Frg. 2.
183 Jacoby, FGH 115, Frg. 337.
184 Cicero hatte in *De re publica* 1, 19 Philus sagen lassen, ihm und allen anderen wissbegierigen Menschen mache die Kenntnis der Dinge und ihre wissenschaftliche Betrachtung »einfach Freude«. Auch in *De finibus* 4, 12 spricht Cicero über den natürlichen Wissens- und Erkenntnistrieb des Menschen: Aus der (theoretischen) Erkenntnis der Dinge erwachse dem Menschen eine unersättliche Freude (*insatiabilis quaedam e cognoscendis rebus voluptas*). Auch das ist ein antiepikureisches Konzept.
185 Nauck², TGF, Sophokles, Frg. 224.
186 Thamyras war ein berühmter mythischer Sänger und Komponist aus Thrakien.
187 Archimedes, geb. 287 v. Chr. in Syrakus, war ein berühmter Mathematiker, Physiker, Ingenieur und Astronom. Er entdeckte u. a. eine Möglichkeit, das spezifische Gewicht von Metallen zu ermitteln. Er wurde 212 bei der Eroberung von Syrakus von einem römischen Soldaten erschlagen.
188 Nikias war ein athenischer Maler im 4. Jh. v. Chr.

189 Euklid war ein berühmter griechischer Mathematiker (um 300 v. Chr.). Sein bedeutendstes Werk sind die *Stoicheia* (»Elemente«), die bis in die Neuzeit als Lehrbuch der Mathematik dienen.
190 Philippos war Mathematiker und Astronom im 4. Jh. v. Chr.
191 Apollonios von Perga war im 3. Jh. v. Chr. eine fachliche Autorität in Geometrie und Astronomie.
192 Aristarch von Samos lebte als Mathematiker und Astronom etwa 310 bis 230 v. Chr. Er war der Erste, der erkannte, dass sich die Erde nicht nur um die Sonne, sondern auch um sich selbst dreht (entspricht dem kopernikanischen Weltbild).
193 Der Helikon ist ein Gebirge in Boiotien mit einer Kultstätte der Musen, der Göttinnen des Gesangs, der Kunst und der Literatur. Hier fanden u. a. auch Theateraufführungen und Festspiele statt.
194 Euripides, *Hippolytos* 75-76.
195 Mit »jenen Plätzen« sind die »Küchen und Bordelle« gemeint.
196 Dieser dritte Seelenteil gehört zu den in Kap. 9 (1092 E) genannten beiden Seelenteilen. Plutarch bezieht sich aber nicht immer auf das dreiteilige Seelenmodell. Oft unterscheidet er nur einen vernünftigen von einem unvernünftigen oder triebgesteuerten Seelenteil.
197 Phaëthon war der Sohn des Sonnengottes Helios, mit dessen Feuer-Wagen er zu stark von der vorgeschriebenen Bahn abkam, so dass Himmel und Erde zu verbrennen drohten und Zeus ihn mit seinem Blitz erschlagen musste.
198 Hipparchos war im 2. Jh. v. Chr. Mathematiker und Astronom.
199 Platon, *Politeia* 7, 528 c.
200 Die sogenannte freie Bildung ist die »zweckfreie« Bildung, die ein freier Mensch sich leisten kann.
201 Apelles war ein nicht weiter bekannter Epikureer.
202 Metrodoros, Frg. 24 (Körte).
203 »Etesische Winde« sind trockene, sommerliche Winde aus Norden und Nordwesten zwischen April und Oktober.
204 Platon, *Politeia* 1, 329 c ist auf diesen Gedanken des Sophokles eingegangen.
205 Herakleides und Dikaiarchos waren Schüler des Aristoteles.

206 Sardanapal war im 7. Jh. v. Chr. König von Assyrien (Herodot 2, 150).

207 Hieron war im 5. Jh. v. Chr. Tyrann auf Sizilien, Attalos König von Pergamon (320 bis 238) und Archelaos von 413 bis 399 König von Makedonien.

208 Simonides war ein berühmter lyrischer Dichter (ca. 556 bis 468 v. Chr.).

209 Melanippides von Melos (ca. 480 bis 400 v. Chr.) war ein bedeutender Dichter und Komponist am Hof des Perdikkas von Makedonien.

210 Krates und Diodotos sind weiter nicht bekannte Playboys der Antike.

211 Kallias war vielleicht ein Schauspieler, Thrasonides und Thrasyleon sind Figuren aus verlorenen Komödien des Menander.

212 Der Gründer des Museion (280 v. Chr.) in Alexandria war Ptolemaios I., einer der Nachfolger Alexanders des Großen. Im Museion lebten und arbeiteten zahlreiche Gelehrte und Künstler.

213 Epikur, den Plutarch hier als Gegner der Musen charakterisiert, während Ptolemaios ein ausgewiesener Verehrer der Musen war, wurde auf der Insel Samos als Sohn eines athenischen Vaters geboren.

214 Parodie auf eine unbekannte Versvorlage.

215 Pindar, 1. Pythische Ode 13-14.

216 Plutarch stilisiert Epikur hiermit nicht nur als Gegner der Musen, sondern auch als jemanden, der die Götter nicht ehrt. Wer die Musen nicht liebt, ist zugleich ein Feind der Götter. Aus der Tatsache, dass jemand die Musen nicht liebt und sie nicht singen hören will, ist zu schließen, dass auch Zeus ihn nicht liebt. Die fehlende Liebe zu den Musen ist das Signal dafür, dass die Menschen »von allen Göttern verlassen sind« und deshalb »erschrecken«.

217 Page, *Poetae Melici Graeci* (= PMG), Frg. 1008.

218 Dikaiarchos war Schüler des Aristoteles.

219 Hieronymos von Rhodos war im 3. Jh. v. Chr. Angehöriger der peripatetischen Schule.

220 Von Hirten bevorzugtes Instrument nach Bauart einer Panflöte.

221 Das Proszenium ist der vordere Teil der Bühne im antiken Theater.

222 Eine chromatische Tonleiter ist nach heutigem Verständnis aus Tönen gebaut, die nicht nur die (vorgesehenen) diatonischen Schritte einer Leiter benutzt, sondern einige Töne erhöht bzw. erniedrigt. Vielleicht meint Plutarch Folgendes: Die Tonleitern, die ihre Töne nicht nur aus den theoretisch errechneten Tönen der Skala nehmen, sondern dem Ohr entgegenkommen (einfärben in der Höhe), entspannen, während die Skalen, die aus den errechneten Systemen kommen, in Spannung versetzen.
223 Vgl. zur Aufzählung der literarischen Elemente: Aristoteles, *Poetik*, bes. Kap. 1-9.
224 Einen ähnlichen Gedanken äußerte Plutarch schon im Zusammenhang mit der Literatur am Ende des 10. Kapitels. Die Formulierung lehnt sich an Xenophon, *Kynegetikos* (»Lehrbuch über die Jagd mit Hunden«) 5, 33 an. Plutarch hat selbst eine (nicht erhaltene) Schrift über die Jagd mit Hunden verfasst (s. Lamprias-Katalog).
225 Vgl. Cicero, *Tuskulanische Gespräche* 5, 96, wo die gegenwärtige neben eine vergangene und eine kommende Lust gestellt wird.
226 Zu diesen Leuten rechnet sich Plutarch selbst.
227 Mit »unser Freund« meint Plutarch sich selbst.
228 Mithres war ein Freund Epikurs und Minister des Lysimachos, des Königs von Thrakien; nach dessen Tod (281 v. Chr.) wurde Mithres im Piräus inhaftiert.
229 Phanias war ein peripatetischer Philosoph im 4. Jh. v. Chr.
230 Themistokles (geb. vor 524 v. Chr.) kommandierte 480 v. Chr. die athenische Flotte und führte sie zum Sieg über die Perser bei Salamis. Miltiades (550 bis 489 v. Chr.) war der athenische Politiker und Feldherr, der die Perser 490 v. Chr bei Marathon besiegte.
231 Epikur, Frg. 183 Us.
232 Zitat aus einer nur fragmentarisch erhaltenen Tragödie des Euripides.
233 Kepos, »der Garten«, heißt der Ort, an dem sich die Epikureer zu versammeln pflegten.
234 Seeleute feierten das »Fest der Aphrodite«, wenn sie Gefahren heil entkommen waren oder besondere Leistungen erbracht hatten.

235 Neokles war Epikurs Bruder.

236 Vgl. Seneca, *Epistulae ad Lucilium* 99, 25. Metrodoros, Frg. 34 (Körte).

237 Unter »sardonischem Gelächter« verstand man ein grimmig-höhnisches Gelächter.

238 Die drei Sätze werden dem thebanischen Feldherrn Epameinondas, Marcellus, dem Retter Roms im Zweiten Punischen Krieg, und dem spartanischen Gesetzgeber Lykurg zugeschrieben.

239 Thrasybulos befreite Athen von der Herrschaft der Dreißig Tyrannen (403 v. Chr.), Pelopidas (um 400 v. Chr.) war ein thebanischer Staatsmann und Feldherr.

240 Aristeides führte das athenische Heer 479 v. Chr. zum Sieg über die Perser bei Plataiai.

241 Miltiades war der Sieger über die Perser 490 v. Chr.

242 Herodot 7, 139, 1.

243 Unter Epameinondas erfochten die Thebaner 471 v. Chr. einen glänzenden Sieg über die Spartaner.

244 Mit dem Kronosfest meint Plutarch die römischen Saturnalien, die zur Zeit des Augustus vom 17. bis 23. Dezember von Herren und Sklaven gemeinsam als eine Art Karneval gefeiert wurden. Mit »Dionysien« werden in Athen und Umgebung mehrere Feste zu Ehren des Gottes Dionysos bezeichnet.

245 Fragment aus einer unbekannten Komödie.

246 Metrodoros, Frg. 41 (Körte).

247 Metrodoros, Frg. 42 (Körte).

248 Epikur, Frg. 409 Us.

249 Kock, *Comicorum Atticorum Fragmenta* (= CAF), Frg. Adesp. 1241.

250 *Odyssee* 8, 173.

251 Nauck[2], TGF, Frg. Adesp. 410.

252 Laïs war eine bekannte und besonders attraktive Hetäre.

253 Archias war ein spartafreundlicher Thebaner, der die Burg von Theben den Spartanern verriet. Er wurde 387 v. Chr. umgebracht.

254 Agesilaos war im 4. Jh. v. Chr. spartanischer König. Phokion war im 4. Jh. v. Chr. ein tüchtiger Feldherr und Staatsmann in Athen.

255 Epameinondas war ein erfolgreicher thebanischer Feldherr und Politiker im 4. Jh. v. Chr., für den Plutarch besondere Sympathie empfand.
256 Nach Diogenes Laertius 10, 7 befand sich Epikur in einem so schlechten körperlichen Zustand, dass er sich viele Jahre lang nicht aus seinem »Rollstuhl« erheben konnte.
257 Dasselbe Wort zitiert Plutarch auch *Moralia* 192 C.
258 Ada war Schwester des Mausolos und seit 343 v. Chr. Königin in Karien.
259 Philoxenos war unter Alexander d. Gr. Admiral.
260 Arbela war eine Stadt in Mesopotamien, in deren Nähe Alexander 331 v. Chr. den persischen König Dareios besiegte.
261 Leontiades war ein spartafreundlicher Thebaner, den Pelopidas bei der Befreiung Thebens von der oligarchischen Herrschaft tötete.
262 Bei der Insel Salamis siegte Themistokles im Jahr 480 v. Chr. über die persische Flotte.
263 Hyampolis war eine Stadt in der Phokis.
264 Phokis ist eine Landschaft in Mittelgriechenland. Der berühmteste Ort in der Phokis war Delphi.
265 Frg. 549 Us.
266 Kallikratidas, ein spartanischer Admiral, fiel in der Seeschlacht bei den Arginusen (404 v. Chr.). Konon war ein athenischer Admiral (gest. 392 v. Chr.). Vgl. Xenophon, *Hellenika* 1, 6, 16.
267 Demokrit B 157.
268 Nauck², TGF, Sophokles, Frg. 784.
269 Diese Einstellung vertraten z. B. Angehörige der stoischen Schule.
270 Wie die (stoische) Bekämpfung der Trauer Ausdruck von Unmenschlichkeit ist, so schließt die epikureische Leugnung des göttlichen Bemühens um den Menschen die Verneinung der göttlichen Güte und Vorsehung aus.
271 Kallimachos, Frg. 386 Schneider.
272 Iamb. Adesp., Frg. 28 (Diehl).
273 Sie empfinden die Freude, weil sie glauben, dass die Götter anwesend sind (Kap. 21, 1101 E).
274 Menander, Frg. 750 (Körte).

275 Frg. 8 (Diehl).
276 Euripides, *Andromache,* V. 448.
277 Kap. 21 (1101C-D und 1101D-1102D).
278 Platon, *Timaios* 29 e.
279 Platon, *Phaidros* 246 e. Das Zitat stammt aus einer bildhaften Beschreibung des Göttlichen, das für Platon vollkommen, schön und gut ist: Die Götter ziehen mit ihren Pferdegespannen über den Himmel. Nur Hestia, die Göttin der Erde, bleibt am Boden. Zeus fährt an der Spitze des Zuges. Auf dem Weg gibt es viel Schönes zu sehen. Die menschliche Seele gleicht einem Pferdegespann, dass von zwei Pferden gezogen und von einem Lenker geführt wird. Im Gegensatz zu den göttlichen Gespannen sind die menschlichen mitunter aber schwer zu lenken, weil die beiden Pferde unterschiedlich sind: Das eine ist gut und edel, für das andere gilt das Gegenteil. Die Pferde ziehen den Wagen also mit entgegengesetzter Kraft.
280 Pindar, Frg. 149 (Snell).
281 Diogenes Laertius 6, 72.
282 Herodot, 1, 65.
283 Der Sage nach (Pausanias 3, 16, 2-3) suchten die Dioskuren den Spartaner Phormion in seinem Haus auf. Unerkannt baten sie ihn um seine Gastfreundschaft. Er bot ihnen sein Haus an.
284 Hermogenes kennen wir als einen der Gesprächsteilnehmer in Xenophons *Symposion*, aus dem hier Buch 4, 48 zitiert wird.
285 Die Dioskuren, die »Söhne des Zeus«, sind die göttlichen Zwillinge Kastor (Castor) und Polydeukes (Pollux). Sie galten als Helfer in Seenot. Sie wurden in Griechenland und Rom kultisch verehrt.
286 Page, PMG, Frg. 998.
287 Epikur, *Maßgebende Sätze*, Nr. 1.
288 Epikur, *Maßgebende Sätze*, Nr. 2.
289 Homer, *Odyssee* 5, 410.
290 Epikur, Frg. 500 Us.
291 Empedokles B 25.
292 Epikur, Frg. 534 Us.
293 Das sind Worte des Achilleus über seinen toten Freund Patroklos: Homer, *Ilias* 22, 389 f.

294 Diese Frage richtet Polyxena, als sie als Sühne für den Tod des Patroklos geopfert werden soll, an ihre Mutter Hekuba: Euripides, *Hekuba*, V. 422.
295 Glaukos war der Sohn des Minos, der als Kind bei der Verfolgung einer Maus in ein Honigfass fiel und starb.
296 Nauck², TGF, Adesp. 419.
297 Vgl. Herodot 5, 92η 2-3.
298 Aiakos galt als gerechter Richter in der Unterwelt. Acheron war der Name eines Flusses in der Unterwelt. Askalaphos war ein Sohn des Flussgottes Acheron.
299 Page, PMG, Frg. 1009.
300 Homer, *Ilias* 9, 408 f.
301 Epikur, Frg. 204 Us.
302 Vgl. schon den letzten Teil des Kap. 23, wo bereits derselbe Gedanke geäußert worden war.
303 Homer, *Ilias* 7, 99.
304 Kerberos ist der Wachhund der Unterwelt, des Hades.
305 Die Danaïden, die 50 Töchter des Danaos, töten in der Hochzeitsnacht ihre Ehemänner und müssen zur Strafe in der Unterwelt auf ewig Wasser in durchlöcherte Fässer füllen.
306 Kap. 26 Anfang.
307 Euripides, *Hippolytos* 193 f.
308 Verse eines unbekannten Dichters: Page, PMG, Frg. 1010.
309 Hier spielt Plutarch auf eine zentrale Stelle im platonischen *Phaidros* (249 d) an. Auch mit der nachfolgenden These, Philosophieren sei Sterben lernen, greift er Platon auf, hier *Phaidon* 64a-b.
310 »... die Freuden aus dem Erkennen, aus dem Handeln und aus dem Götterglauben sind alle auf die begrenzte Lebenszeit des Menschen beschränkt, während der Jenseitsglaube ewige Freuden verheißt« (H. Adam 1974, 17). Das ist ein sehr starkes Argument gegen Epikurs Ablehnung der Jenseitsvorstellungen.
311 Diese Seelenlehre beinhaltet die Überzeugung von der Unsterblichkeit der Seele.
312 *Ilias* 5, 449-453: Der Gott Apoll brachte Äneas in Sicherheit und schuf ein Trugbild seines Schützlings, das diesem völlig gleich

war. Mit diesem Trugbild vor Augen kämpften Trojaner und Griechen gegeneinander.

313 *Ilias* 5, 515-516.

314 *Ilias* 5, 514.

315 Der griechische Text ist an dieser Stelle nicht gesichert.

316 Falsche Empfindungen: Für sie ist das, was ihnen erscheint, wirklich vorhanden. Plutarch spielt hier auf die epikureische Bilderlehre an, wie sie bei Lukrez (*De rerum natura* 4, 54 ff.) fassbar ist: Der Vorgang der sinnlichen Wahrnehmung beruht darauf, dass das Sichtbare winzige »Bilder« (*imagines*) aussendet. Diese »Bilder« werden mit den Augen aufgefangen und im Kopf abgebildet. Plutarch empfiehlt, sich nicht auf die Erscheinungen zu beschränken, sondern auf das Wiedersehen der realen Personen zu hoffen.

317 Der griechische Text ist an dieser Stelle nicht eindeutig überliefert: Sinngemäß heißt es wohl, dass es sich um eine Medizin handelt, die »nicht wirklich gut« ist, weil sie auch schädliche (Neben-)Wirkungen hat, obwohl sie für den Kranken doch notwendig ist.

318 Der Kokytos ist ein Fluss in der Unterwelt.

319 Epikur, Frg. 204 Us. Vgl. den Anfang des Kap. 27.

320 Herodot 7, 46.

321 Von den vier Arten der Todesfurcht (1. Furcht vor dem Nichtsein, 2. Furcht vor dem Hades, 3. Furcht vor dem Verlust aller Güter des Lebens und 4. Furcht vor einem schmerzhaften Tod) kann Epikur (nach Plutarch) nur die Furcht vor dem Hades beseitigen. Auch Cicero unterscheidet im fünften Buch von *De finibus* diese vier Arten der Todesfurcht.

322 Laut Lamprias-Katalog hat sich Plutarch in neun Schriften mit Epikur und den Epikureern auseinandergesetzt. Erhalten sind aber nur die drei Schriften des vorliegenden Tusculinum-Bandes. Darüber hinaus geht Plutarch in zahlreichen anderen Schriften auf die epikureische Lehre ein.

323 Das geht auch aus den Zitaten hervor, die Usener dem Frg. 551 zugeordnet hat.

324 Dazu auch Ulrich Berner: »Plutarch und Epikur«, in: *Plutarch. Ist »Lebe im Verborgenen« eine gute Lebensregel?* Eingeleitet, über-

setzt und mit interpretierenden Essays versehen von U. Berner, R. Feldmeier, B. Heininger und R. Hirsch-Luipold, Darmstadt, 2. Aufl. 2010, 117-140.

325 Epikur, Frg. 551 Us.

326 Euripides, Frg. 905 Nauck[2].

327 Philoxenos war wie Gnathon ein ebenso bekannter wie abstoßender Schlemmer und Vielfraß.

328 Diese Leute setzen herab, was sie in Wirklichkeit leidenschaftlich begehren

329 Vgl. Cicero, *Pro Archia* 26: Sogar die Philosophen setzen ihren Namen auf die Schriften, die sie über die Verachtung des Ruhmes verfassen.

330 Hier wendet Plutarch die politische Bedeutung seines Imperativs auf die Ethik an und unterstellt, dass Epikur mit seinem Imperativ ein unmoralisches Leben empfohlen habe.

331 Darauf weist schon Herodot hin (2, 197).

332 Thrasybulos war der berühmte athenische Politiker und Feldherr, der im Jahr 403 v. Chr. Athen von der Herrschaft der Dreißig Tyrannen befreite.

333 Hier wird deutlich, dass sich Plutarch vor allem an der Widersprüchlichkeit der epikureischen Aufforderung stört.

334 Metrodoros war ein treuer Anhänger Epikurs, Aristobulos und Chairedemos seine Brüder, die vor ihm starben.

335 Hedeia gehörte zu Epikurs Schule.

336 Leontion war die Konkubine oder Ehefrau des Metrodoros.

337 Es handelt sich um Themistokles, den berühmten athenischen Admiral, der die Perser in der Seeschlacht bei der Insel Salamis besiegte.

338 Der mehrmalige Konsul Camillus galt als Retter Roms, weil er 396 v. Chr. die etruskische Stadt Veji eroberte und 390 v. Chr., als die Kelten Rom besetzt hatten, auch diese besiegte. Das erzählt auch Livius (*Ab urbe condita* 5, 49, 7 und 7, 9, 1), der ihn deshalb den »zweiten Gründer Roms« nannte.

339 Dion war Platons Schüler und Freund. Er befreite Syrakus (357 v. Chr.) von der Tyrannenherrschaft des Dionysios II. und wurde von der Bevölkerung als Retter und Befreier gefeiert.

340 Sophokles, Frg. 780 Nauck[2] = 864 Radt. Plutarch zitiert die Zeilen auch in seinem Werk *Ob ein alter Mann noch Politik betreiben sollte* (788 B und 792 A). Seine Antwort lautet: Dies sei der Untätigkeit vorzuziehen.

341 Wahrscheinlich handelt es sich bei den »Gedankenfunken« um Traumerscheinungen.

342 Kallimachos, Frg. 93 Schneider.

343 Demokrit B 158.

344 Vermutlich meint Plutarch hier die Verbindung der Teile eines einzelnen Menschen zu einem Ganzen (im Sinne der Lehre Demokrits A 57) und weniger den Zusammenschluss vereinzelter Menschen zu einer Gemeinschaft (im Sinne der aristotelischen Politik).

345 Delios und Pythios sind Epitheta des Gottes Apollon. Delios klingt hier an das griechische Adjektiv *dêlos* »offensichtlich« an, Pythios an das Verb *pythésthai* »erfahren«. Vgl. zu dieser Etymologie Platon, *Kratylos* 403 a und 404 b.

346 Zitat eines unbekannten Dichters: Page, PMG, Frg. 996.

347 Das Wort *phós* (Mann) unterscheidet sich im Schriftbild nur durch Akzentwechsel von *phôs* (Licht); homonyme Aussprache ist zu vermuten: ein Anlass für etymologisierende Spekulationen, wie wir sie von Platon kennen.

348 Pindar, Frg. 129 (Snell).

349 Den »ersten« Weg beschreiten eben diejenigen, die ihr Leben unerkannt und unbekannt beenden, weil sie die Öffentlichkeit scheuen, den »zweiten« gehen die Tüchtigen und öffentlich Anerkannten und den »dritten« die Verbrecher, die es verdienen, in völlige Dunkelheit zu fallen.

350 Pindar, Frg. 130 (Snell).

351 *Odyssee* 11, 220-221.

352 *Odyssee* 11, 219.

353 Lethe ist in der Mythologie der Strom des Vergessens in der Unterwelt. Mit dem Begriff »Lethe« nimmt Plutarch auf das *Lathe biosas* Bezug: Die Empfehlung, unbemerkt oder unauffällig zu leben, bedeutet auch vergessen zu werden, ist also nicht erstrebenswert.

Literaturhinweise

a) Textausgaben und Übersetzungen

O. Apelt: Streitschriften wider die Epikureer, Leipzig (Felix Meiner) 1926.

U. Berner u. a.: Plutarch. Ist »Lebe im Verborgenen« eine gute Lebensregel? Eingeleitet, übersetzt und mit interpretierenden Essays versehen von U. Berner, R. Feldmeier, B. Heininger und R. Hirsch-Luipold, Darmstadt (Wissenschaftliche Buchgesellschaft) ²2010.

B. Einarson / P. H. de Lacy: Plutarch's Moralia. Vol. XIV, London / Cambridge, Mass. (Havard University Press) 1967.

M. Giebel: Plutarch. Die Kunst zu leben, Frankfurt (Insel) 2000.

H. J. Klauck: Plutarch von Chaironeia. Moralphilosophische Schriften, Stuttgart (Reclam) 1997.

M. Pohlenz / R. Westman: Plutarchi Moralia. Vol. VI 2, Leipzig (Teubner) 1959.

B. Snell: Plutarch: Von der Ruhe des Gemüts und andere philosophische Schriften, Zürich (Artemis) 1948.

b) Arbeiten zu den drei Schriften

H. Adam: Plutarchs Schrift non posse suaviter vivi secundum Epicurum, Amsterdam 1974.

F. Albini: Plutarco: Non posse suaviter vivi secundum Epicurum. Introduzione. Traduzione. Commento, Genua 1993.

U. Berner / R. Feldmeier / B. Heininger / R. Hirsch-Luipold: Ist »Lebe im Verborgenen« eine gute Lebensregel?, Darmstadt ²2010.

O. Seel: Zu Plutarchs Schrift De latenter vivendo (Plut. Mor. 75, 1128a-1130c, IV 479 Bernard.), in: Antidosis (FS W. Kraus), Wien 1972, 357-380.

R. Westman: Plutarch gegen Kolotes. Seine Schrift »Adversus Colotem« als philosophiegeschichtliche Quelle, Helsingfors 1955.

K.-D. Zacher: Plutarchs Kritik an der Lustlehre Epikurs. Ein Kommentar zu Non posse suaviter vivi secundum Epicurum, Kap.1-8, Königstein / Ts. 1982.

K.-D. Zacher: Zur Lustlehre Epikurs, in: Würzburger Jahrbücher 11, 1985, 63-72.

c) *Allgemeine Arbeiten zu Plutarch*

H. Görgemanns: Plutarch, in: Die griechische Literatur in Text und Darstellung. Bd. 5, Stuttgart 1988, 112-133.

R. Hirzel: Der Dialog. 2 Bde., Leipzig 1895, bes. Bd. 2, 124-237.

R. Hirzel: Plutarch, Leipzig 1912.

J. Mossman (Hg.): Plutarch and his Intellectual World, London 1997.

C. Pelling / M. Baltes (u. a.): Plutarchos [2], in: Der Neue Pauly 9, 2000, 1158-1175.

D. A. Russell: Plutarch, London 1973.

K. Sallmann: Plutarch. Erzieher Europas, in: B. Kytzler (Hg.): Kleine Enzyklopädie der antiken Autoren, Frankfurt 1996, 453-473.

K. Ziegler: Plutarchos, in: RE 21. 1, 1951, 636-962.